HISTOIRE
DE LA POÉSIE FRANÇAISE

DU MÊME AUTEUR

« QUE SAIS-JE ? »

LE POINT DES CONNAISSANCES ACTUELLES

═══ N° 108 ═══

HISTOIRE

DE LA

POÉSIE FRANÇAISE

par

René LALOU

Professeur au Lycée Henri-IV

PRESSES UNIVERSITAIRES DE FRANCE

108, Boulevard Saint-Germain, PARIS

—

1963

QUARANTE-SEPTIÈME MILLE

DÉPOT LÉGAL

1re édition .. .. .. 2e trimestre 1943
7e — .. .. .. 3e — 1963

TOUS DROITS
de traduction, de reproduction et d'adaptation
réservés pour tous pays

© 1943, *Presses Universitaires de France*

INTRODUCTION

Alors que circulent déjà tant de livres qui traitent de la poésie française, quel intérêt peut-il y avoir à en publier un de plus ? Ceux qui se le demanderont ne douteront point que l'auteur ait été le premier à se poser cette question. Leur indiquer ce qu'il s'est proposé de faire sera leur dire du même coup pourquoi il a pensé que son travail ne serait pas tout à fait inutile.

Pour suivre l'évolution de notre poésie, les lecteurs doivent s'orienter à travers de copieux manuels littéraires et d'imposantes thèses de spécialistes. Or, ils ne sauraient les consulter avec profit s'ils ne possèdent déjà des vues d'ensemble. Cette difficulté même a suggéré l'idée d'une brève histoire de la poésie française où l'on tenterait surtout d'éclairer les perspectives, de marquer les principaux instants, de situer les génies et les tempéraments originaux. Loin d'entrer en concurrence avec des ouvrages plus complets ou dédiés à tel mouvement particulier, notre exposé leur pourrait servir de modeste introduction.

Le moment, d'ailleurs, n'est-il point venu de réparer les flagrantes injustices contre lesquelles les amis de la poésie protestent, depuis de nombreuses années ? Les historiens officiels de notre littérature commencent à peine à réaliser la grandeur de Baudelaire ; indifférents à la tentative de Maurice Scève, ils entérinent sans discussion tous les arrêts prononcés par Malherbe et Boileau ; ils ne soupçonnent pas l'importance des derniers poèmes de Nerval. Aurons-nous perdu notre temps si nous montrons que la « poésie pure » et le « surréalisme » du XXe siècle ne sont point des produits bizarres et morbides mais répondent à deux tendances profondes du génie national ?

Il n'a pas semblé moins opportun de maintenir que l'idée de poésie n'était point liée obligatoirement aux formes consa-

crées du vers, de la strophe, du poème. Certes, une histoire
du sentiment poétique en France aurait débordé notre cadre.
Rien ne nous interdisait, par contre, de rappeler à plusieurs
reprises qu'il n'existe pas de cloison étanche entre les différents
genres littéraires et que la poésie, en de certaines époques,
avait pu trouver refuge dans les œuvres des prosateurs et des
auteurs dramatiques.

Remplir ce triple dessein aussi fidèlement que possible :
tel fut donc notre objet. Le point de vue auquel nous nous
placions et le plan général de cette collection concordaient
pour exclure tout étalage d'érudition. Ils ne nous interdisaient
pas de mentionner, après chaque chapitre et à la fin du livre,
un choix d'ouvrages qui, par leur valeur propre et par les
listes bibliographiques dont ils s'accompagnent, permettront
de pousser plus avant les explorations. Notre ambition personnelle serait comblée si ceux que notre panorama aurait
aidés à découvrir ou à mieux comprendre quelque poète du
domaine français se souvenaient de nous comme du coureur
d'un relais qui s'est effacé après avoir transmis le témoin.

Un dernier mot... Il est évident qu'à travers la poésie de
chaque peuple une certaine communauté humaine, un savoureux mélange de diverses races, s'est efforcé d'exprimer son
âme. Il n'en reste pas moins vrai que chaque grand poète
est un nouvel Adam, qu'avec lui le monde recommence.
Puisse notre tableau laisser cette double impression d'une
fraternelle solidarité à travers les siècles et d'une aurore
toujours renouvelée !

CHAPITRE PREMIER

ÉPOPÉES ET MIROIRS DU MONDE

Buona pulcella fut Eulalia
Bel avret corps, bellezour anima...

Ainsi commence la *Cantilène de sainte Eulalie*, écrite au
IXᵉ siècle, qui est, à notre connaissance, le plus ancien monument de la poésie française. Pourtant, après lui avoir rendu
cet hommage, les érudits s'accordent pour dater des XIᵉ et
XIIᵉ siècles les vrais débuts de notre poésie. Alors se répandirent,
en effet, les premières épopées. On admettait autrefois qu'elles
s'étaient constituées dans l'imagination populaire avant d'avoir
été améliorées ou gâtées par l'intervention des jongleurs.
Aujourd'hui la thèse de Joseph Bédier est généralement accep-
tée : on suppose donc que les chansons de geste eurent pour ber-
ceaux les églises et les abbayes ; les moines fournissaient des
récits plus ou moins légendaires, en rapport avec les personnages ou les sanctuaires qu'il s'agissait de glorifier ; trouvères
et jongleurs développaient ces thèmes, selon leur fantaisie et
pour satisfaire les goûts d'auditoires fort divers mais également épris de merveilleuses aventures. Si abondante que soit
cette production, elle se laisse diviser en trois cycles : entre
les œuvres inspirées par l'antiquité et celles que l'on nomme
« les romans bretons », se groupent les chansons de geste qui
célèbrent Charlemagne et les grands féodaux.

Aux chansons de geste revient l'honneur d'avoir popularisé
les héros du terroir : Huon de Bordeaux, les Quatre Fils Aymon,
Guillaume d'Orange, grand pourfendeur de Sarrasins. Quand
Hugo voudra évoquer cette période dans sa *Légende des
Siècles*, il racontera le duel de Roland et d'Olivier d'après la
geste de *Girard de Vienne*, il cherchera dans *Aimeri de Nar-
bonne* le sujet d'*Aymerillot* il s'inspirera de *Raoul de Cambrai*

pour imaginer *l'Aigle du Casque*. Le défaut commun à ces
œuvres primitives est leur inlassable prolixité. Elle ne nous
empêche cependant point de goûter la malice du *Pèlerinage de
Charlemagne à Jérusalem* qui se chantait à la foire du Lendit,
ni l'entraînant début du *Charroi de Nîmes*, ni la virile éloquence de tels vers du *Couronnement de Louis* :

> *Filz Looïs, a celer ne te quier,*
> *Quant Deus fist rois por peuple justicier*
> *Il nel fist mie por fause loi jugier,*
> *Faire luxure, ne alever pechié.*

   La Chanson de Roland domine tout ce massif de notre littérature. On ignore quel fut l'auteur de « la geste que Turoldus
declinet », que Taillefer déclamait au matin d'Hastings ; elle
semble avoir été fixée entre 1090 et 1130. Elle atteste déjà le
pouvoir de l'imagination qui avait magnifié un simple combat
d'arrière-garde en une bataille importante et riche de consé-
quences. Elle prouve aussi une volonté de stylisation qui
s'exerce sur les personnages historiques pour les transformer
en types : Roland le preux, Olivier le sage, Turpin le prélat
guerrier, Charlemagne l'empereur-patriarche auquel incombe
une mission civilisatrice. S'il y persiste une raideur archaïque,
on sent parfois que le conteur s'efforce de varier son récit,
d'associer la nature aux événements, comme dans la description de la tempête qui mène « grand deuil pour la mort de
Roland ». De même, à défaut d'analyse psychologique, il
indique par plus d'un trait les mouvements intimes de ses
acteurs, depuis Ganelon qui, « loyal, aurait bien eu l'air d'un
baron » jusqu'à l'empereur au « chef tout fleuri » que la victoire n'empêchera pas d'avouer combien « peneuse » est sa
vie. Ample panorama de la royauté et de la féodalité telles
que les concevait le XIᵉ siècle, *la Chanson de Roland* exprime
très noblement un triple idéal : chrétien, chevaleresque et
patriotique. Sans se guinder, elle atteint au sublime dans les
scènes de Roncevaux entre Roland et Olivier, dans le tableau
de la mort de Roland :

> *Sun destre guant a Deu en puroffrit,*
> *Seinct Gabriel de sa main li ad pris.*
> *Desur sun braz teneit le chief enclin*
> *Juintes ses mains est alez a sa fin...*

Tandis que *la Chanson de Roland*, dans une transcription adroitement modernisée comme celle d'Albert Pauphilet, nous émeut par ses belles images poétiques de « la douce France », les romans versifiés qui forment « le cycle de l'antiquité » ne nous offrent plus que fatras insipide. Mentionnons *le Roman d'Alexandre* puisque son succès a valu au vers de douze syllabes le nom d'alexandrin. Qu'ils mettent en scène Hector, Enéas ou Alexandre, Benoît de Sainte-More et ses rivaux se préoccupent seulement de leur attribuer des aventures qui prendront un bien plus vif éclat dans les romans du « cycle breton ». Avec ces derniers l'inspiration celtique rentre dans notre littérature, y apportant ses rêveries, sa subtilité, sa mélancolie. Par une heureuse rencontre l'influence des Celtes se conjugue avec celle des troubadours ; à la suite d'Éléonore d'Aquitaine, l'aristocratie anglo-normande répète les tendres chansons provençales de Bernard de Ventadour ; Bertrand de Born dédie maint sirvente à son ami Richard Cœur-de-Lion. Partout fleurissent les *lais*, du nom que les jongleurs bretons donnaient à leurs compositions. Et dans ce genre du court récit d'exploits chevaleresques et amoureux se distingue, vers la fin du XIIᵉ siècle, la première de nos poétesses, dont un vers contient tout ce que nous savons d'elle :

Marie ai nom, si sui de France.

Mais le principal fournisseur de l'époque fut l'habile Chrétien de Troyes. Pour ravir ses contemporains il ne leur versait pas seulement « le beau français à pleines mains » ; il mêlait dans ses récits les aventures fabuleuses aux gentils exemples d'amour « courtois » ; il s'efforçait de concilier l'ancien idéal guerrier et la dévotion à une dame élue. Avec une redoutable facilité l'auteur d'*Yvain ou le chevalier au lion* développa méthodiquement tous les thèmes du roman breton. Il contribua notamment à ce cycle de la Table Ronde qui s'organisait autour du Roi Arthur, transfiguré par la légende en un Charlemagne celtique. Aux contes féeriques qu'achève la poignante *Mort d'Artus* s'adjoignirent naturellement les livres qui mettaient en scène Merlin l'Enchanteur, Lancelot du Lac et la Reine Guenièvre ; les continuateurs de Chrétien de Troyes y rattachèrent aussi *la Légende du Saint-Graal* ; une communauté d'inspiration en rapprochait encore l'histoire de Tristan

et Iseut, commémorée par Béroul, par Thomas, par les auteurs
de nombreux lais. Jusqu'aux temps de la Renaissance, ces
ouvrages restèrent populaires et du Bellay louait « ces beaux
vieulx romans françoys, comme un *Lancelot*, un *Tristan* ».
Oubliées alors chez nous, sauvées en Angleterre par la compilation de Malory, les légendes celtiques offrirent à Tennyson
la matière de ses *Idylles du Roi* tandis que Wagner y puisait
les sujets de deux chefs-d'œuvre. Joseph Bédier, puis André
Mary ont remis en honneur « la merveilleuse histoire de Tristan
et d'Iseut et de leurs folles amours » ; on souhaite que leurs
brillantes adaptations ramènent beaucoup de lecteurs aux
textes primitifs, à cette *Folie Tristan*, par exemple, où le
sentiment de la fatalité s'exprime avec une simplicité si
pathétique :

> *Voir est : d'itel boivre sui ivre*
> *dont je ne cuide estre delivre !*

Même lorsque les conteurs exaltaient la vaillance de Guillaume Fièrebrace, ils ne se piquaient pas de maintenir leurs
auditoires dans un climat de sublime continu. A plus forte
raison, l'ironie garde-t-elle ses droits dans l'aimable « chante-
fable » d'*Aucassin et Nicolette* : cette charmante description
(tour à tour chantée et récitée) des épreuves que le destin
inflige aux amants avant de leur accorder le bonheur est
semée de traits parodiques à l'adresse des romans de cheva-
lerie. Un pas de plus et la forme poétique servira de véhicule
au bon sens des bourgeois, à leur goût des scènes comiques
que satisferont des fabliaux comme *le Vilain mire*, ancêtre
du *Médecin malgré lui*. Et leur humeur narquoise va se délec-
ter à mesure que se multiplieront les « branches » du *Roman
de Renart*. Ses différents rédacteurs ont puisé abondamment
dans les recueils de fables antiques et dans le folk-lore européen
pour en tirer des épisodes qu'ils ont plus ou moins adroitement
raccordés. Quelques-uns de leurs tableaux atteignent presque
à la netteté nuancée des images de La Fontaine. Le plus souvent, sans se soucier de la cohérence, ils ont, sous le couvert
d'une comédie animale, amplifié jusqu'à la bouffonnerie leurs
peintures réalistes. Car *Renart* n'est pas seulement une pièce
« aux cent actes divers », mais une truculente satire de la

société féodale, de son aristocratie, de son clergé, de sa littérature épique et galante. La royauté même n'est pas res-
pectée dans la partie la plus justement célèbre de cette geste
railleuse et anti-chevaleresque : *le Jugement de Renart*. Son
héros, Renart le goupil, symbolise l'intelligence qui, armée de
ruse et bannissant tout scrupule, berne la force et se gausse
des autorités. Que le nom du personnage ait supplanté celui
de l'animal dans la langue populaire, voilà un beau titre de
gloire pour ceux qui contribuèrent à faire de Renart un type
immortel.

Durant ce temps les chantres de l'amour courtois brodaient
leurs variations sur le thème éternel, depuis Gace Brulé,
l'exilé qui évoquait « les oisillons de son païs » jusqu'à Thibaut
de Champagne, se plaignant du tyran dont il refusait de
secouer le joug :

> *Moult est Amors de merveillex pooir,*
> *Qui bien et mal fait, tant com li agrée...*
> *Et j'amerai ; n'en puis estre tornés.*

Plus familière, la voix du ménestre Colin Muset nous touche
par sa grâce, par la mélancolie souriante de cette apostrophe
à l'un de ses protecteurs :

> *Sire cuens, j'ai vielé*
> *Devant vos, en vostre oste*
> *Si ne m'avez riens doné*
> *Ne mes gages aquités*
> *C'est vilanie !*

Avec ces gentillesses contraste l'âpre réalisme de Rutebeuf,
tel qu'il se manifeste dans *Li diz des Ribaux de Greive* et dans
son portrait de Marie l'Égyptienne dont

> *La poitrine devint mossue,*
> *Tant fu de pluie debatue,*

ou bien lorsqu'il se dépeint en victime de la « Griesche d'Yver » :

> *Povre sens et povre mémoire*
> *M'a Diex doné, li rois de gloire,*
> *Et povre rente*
> *Et froit au cul quand bise vente.*

Si nous sommes mal renseignés sur la carrière de ce contemporain de Saint-Louis (il mourut en 1280) nous savons qu'il est
sans conteste le plus grand poète du XIII⁰ siècle. Et son œuvre
survit pour nous dire l'essentiel sur lui-même et son destin ;
car Rutebeuf nous parle avec un accent personnel qui fait de
cet autre Parisien le prédécesseur de Villon. Il nous introduit
dans son intimité, nous conte son mariage malheureux, ses
misères physiques et morales, les déceptions que lui ont cau-
sées de faux amis ; ainsi atteint-il à des formules émouvantes
et dépouillées :

> *Ce sont ami que venz emporte*
> *Et il ventoit devant ma porte...*
> *En moi n'a ne venin ne fiel ;*
> *Il ne me remaint rien sous ciel...*

Que Rutebeuf soit déjà un maître de la poésie oratoire, on le
voit quand ce gallican, l'auteur du *Miracle de Théophile* et
l'ennemi des ordres mendiants, secoue rudement les nobles,
les prêtres et les bourgeois qui « se font un dieu de leur panse »
et refusent de partir pour la croisade ; sur tous il brandit,
dans *la Complainte d'outre-mer*, la menace de la mort et du
jugement :

> *Et nous n'avons point de demain,*
> *Quar li termes vient et aprouche*
> *Que la mort vous clorra la bouche.*

Sa plus précieuse originalité restera pourtant d'avoir découvert
les sources de lyrisme confidentiel d'où jaillissent, devançant
la célèbre ballade de Villon, ses litanies des *IX Joies de Notre-
Dame* :

> *Tu es chastiaus, roche hautaine,*
> *Qui ne criens ost ne sorvenue ;*
> *Tu es li puiz, et la fontaine*
> *Dont nostre vie est sostenue...*

Les deux tendances opposées que nous avons signalées che-
min faisant, nous les regardons triompher tour à tour dans
cette œuvre capitale qu'est *le Roman de la Rose*. Guillaume
de Lorris en composa le début, un peu plus de quatre mille

octosyllabes, vers 1240. Il y appliquait scrupuleusement le programme qu'il avait défini :

> *Ce est li Romanz de la Rose,*
> *Où l'art d'Amors es toute enclose.*

En fait, conciliant Ovide et Chrétien de Troyes, Guillaume de Lorris présentait aux contemporains un poème didactique, un véritable « art d'aimer » sous la forme d'un roman allégorique. Non exempte de bavardage, cette première partie offre de jolies images un peu arbitraires ; il s'y marque, par endroits, un éveil de la sensibilité devant la beauté charnelle, comme si un reflet du paganisme venait colorer les abstractions de ce primitif « royaume du Tendre ». Mais, une quarantaine d'années après la mort de Lorris, Jean Clopinel, né à Meung-sur-Loire, décida d'achever *le Roman de la Rose* : il ne se contenta point d'y ajouter plus de dix-huit mille vers, il en modifia complètement le caractère et la signification.

Des délicats lui ont reproché ce brutal coup de barre ; au vrai, l'idéalisation de la femme est soudain remplacée ici par une méprisante méfiance qui dicte ce conseil :

> *Beau seigneur, gardez-vous de fames,*
> *Se voz cors amez e vos ames.*

Mais dépoétiser cette « venimeuse beste » en bon héritier des fabliaux, dénoncer les ruses dont Molière rira et souffrira, ce n'est là qu'une des tâches que s'était assignées Jean de Meung. Ce bourgeois n'attaquera pas moins vigoureusement les moines mendiants et les hypocrites, nous léguant de Faux-Semblant un portrait inoubliable. Il n'épargnera pas davantage les nobles et les rois, dévoilant ainsi l'origine de leur puissance :

> *Un grand vilain entre eux élurent,*
> *Le plus ossu de quant qu'ils purent,*
> *Le plus corsu et le graigneur ;*
> *Si le firent prince et seigneur.*

Cette hardiesse de la pensée est soutenue chez Jean de Meung par un sincère culte de la science et de sa dignité. Si l'on regrette qu'il tombe parfois dans le pédantisme et la compilation, sa vision du monde est élargie par une philosophie naturiste : un de ses épisodes a pour décor la forge où la Nature

crée des êtres tandis que l'Art, à ses genoux, tente de dérober
ses secrets afin de l'imiter. Ainsi Jean de Meung, humaniste
chrétien, nous apparaît-il comme un précurseur de Rabelais.
Sans doute lui a-t-il manqué d'être un artiste raffiné ; mais,
grâce au cynisme qui le préservait des fadeurs romanesques,
grâce à la sympathie pour le peuple où se fortifiait son dédain
des grandeurs d'établissement, il a transformé la grêle allégorie
de Guillaume de Lorris en une véritable « somme », en un
miroir de son époque.

A consulter : Joseph BÉDIER, *les Légendes épiques* ; A. JEAN-
ROY, *Origines de la Poésie lyrique en France* ; Albert PAU-
PHILET, *Poètes et Romanciers du Moyen-Age* (anthologie) ;
Jacques BOULENGER, *les Romans de la Table Ronde.*

Chapitre II

LE PRINTEMPS LYRIQUE

Il est significatif que, durant sa première période d'expériences et de tâtonnements, la poésie française se soit orientée de plus en plus nettement sur deux voies : subtilité aristocratique et galanterie dégénérant parfois en mignardise ; robuste réalisme poussant, par réaction, jusqu'à la satire et l'obscénité. Or, le conflit va se poursuivre pendant les XIVe et XVe siècles. Mais, cette fois, le génie de Villon fera pencher décisivement la balance.

Depuis Jofroy Rudel, les poètes de langue d'oc avaient compris et enseigné cette vérité que la poésie n'est point faite seulement d'aspirations idéales mais réclame ce corps suave, cette chair délicieuse que lui font les mots, les sonorités, les rythmes. L'erreur de leurs successeurs, les représentants du lyrisme courtois, fut de confondre la musique verbale avec les acrobaties rythmiques. Ainsi le XIVe siècle et les premières années du XVe ont-ils vu le triomphe du rondeau, du chant royal, du virelai, du triolet. La ballade sera léonine, sonnante, équivoque, rétrograde, etc. Eustache Deschamps codifie toute cette « rhétorique », en 1392, dans son *Art de dictier et de faire ballades et chants royaux*, sans se douter que toutes ces ingéniosités ne valent pas les vers émus que lui arrache la mort de Du Guesclin :

> *Plourez, plourez, flour de chevalerie !*

Quelques rondels gracieux survivent seuls de l'abondante production de Guillaume de Machaut, le maître de Chaucer, et chez Jehan Froissart le prosateur l'emporte de beaucoup sur le poète. Les ouvrages de Christine de Pisan, y compris la fameuse ballade :

> *Seulete suis senz ami demourée,*

ne sont que de complaisants développements. Alain Chartier doit d'avoir survécu dans l'histoire littéraire, non à son *Livre des quatre dames* mais à une anecdote : en baisant ses lèvres, Marguerite d'Écosse n'honorait pourtant qu'un virtuose, rompu aux trucs d'un stérile métier où l'âme n'avait aucune part.

« Une povre ame tourmentée » ainsi se définit Charles d'Orléans. Et on l'en croirait volontiers, à ne considérer sa vie que de l'extérieur. Né en 1391, il n'avait que seize ans lorsque l'assassinat de son père en fit le chef des Armagnacs. Blessé à la bataille d'Azincourt, en 1415, il demeura jusqu'en 1440 prisonnier en Angleterre où il s'est dépeint dans maintes pièces dont la touchante complainte :

> *En regardant vers le païs de France,*
> *Ung jour m'avint, à Dovre sur la mer*
> *Qu'il me souvint de la doulce plaisance*
> *Que souloie oudit païs trouver...*

Mais était-il capable d'éprouver une peine profonde sans la compliquer de littérature ? Il est permis de se le demander quand on l'a entendu si souvent personnifier en des antithèses ciselées Penser et Espoir, Souci et Soin, s'installer dans la position d'un « Escollier de Merencolie » et madrigaliser avec la Mort elle-même :

> *Puisque tu m'a pris ma maîtresse,*
> *Prends-moi aussi son serviteur.*

L'essentiel reste qu'il était sincère, même quand il versifiait des lieux communs, quand il célébrait une maîtresse idéale au temps de sa jeunesse, quand il raillait les belles dames dans ce château de Blois où il acheva sa destinée en épicurien délicat. A travers toutes ses expériences, le privilège de ce poète joaillier est d'avoir su préserver une grâce exquise, une authentique aristocratie qui demeure également sensible lorsqu'il compose une ballade sur la fausse nouvelle de sa mort et lorsqu'il se décrit sous les traits d'un homme égaré

> *En la forest d'Ennuyeuse Tristesse.*

Cette grâce que les siècles n'ont pu entamer parce qu'elle

n'avait rien de factice, elle éclaire les rondeaux que Claude
Debussy devait entourer d'une musicale parure :

> *Dieu, qu'il la fait bon regarder...*
> *Quand j'ay ouy le tambourin...*
> *Yver, vous n'estes qu'un villain...*

Gaston Paris observait que Charles d'Orléans est le premier
poète français dont quelques pièces sont devenues classiques ;
cet honneur ne lui sera dénié par aucun de ceux qui écoutent
quelquefois chanter dans leurs mémoires tel rondel, joyeux et
tendre :

> *Les fourriers d'Esté sont venuz*
> *Pour appareiller son logis...*
> *Le temps a laissié son manteau*
> *De vent, de froidure et de pluye...*

Vers la fin de son existence aventureuse, François Villon
séjourne à la cour de Charles d'Orléans ; sur un refrain donné
par ce prince il compose la *Ballade Villon* où il entrechoque
arbitrairement les antithèses ; et soudain, au milieu de cette
œuvre de commande, éclate un vers qui, cinq siècles plus tard,
fera longuement rêver Francis Carco :

> *Rien ne m'est seur que la chose incertaine...*

De tels coups d'aile, qu'ils transcendent l'artificiel ou le sor-
dide, voilà ce qui caractérise d'abord la poésie de François
de Montcorbier (ou Des Loges), « né de Paris, emprès Pon-
thoise », en 1430. Élevé par Guillaume de Villon, le digne
ecclésiastique qui fut son « plus que père », il devint maître
ès arts en 1452. Mais déjà il fréquentait les mauvais garçons
et le « bourdeau » de la « grosse Margot ». En 1455, il tue un
prêtre au cours d'une rixe ; il rejoint les « coquillards » et
écrira six ballades dans leur « jargon ». Ayant obtenu des
lettres de rémission, il participe, en 1456, à un vol avec effrac-
tion au Collège de Navarre et s'enfuit à Angers, comme il
l'annonçait dans *le Lais François Villon* (dit *le Petit Testament*)
qui date de la même année. Nous le retrouvons en 1461 dans
la prison de Meung-sur-Loire d'où il sera libéré par Louis XI ;
il regagne Paris, porteur du *Grant Testament* qu'il rédigea
« en l'an trentiesme de son age ». En novembre 1463, il est

pris dans une bagarre, arrêté, mis à la question, condamné à
être pendu ; le Parlement commue sa peine en bannissement.
Dès lors nous perdons sa trace...

Quand on imagine sa vie, on ne s'étonne point que Villon
soit le peintre des gueux, qu'il nous entraîne dans les bas-
fonds, qu'il ne redoute ni le mot cru ni le détail obscène :
s'attendrait-on qu'il eût appris la courtoisie auprès de la belle
heaulmière ou de celle qui lui fut « felonne et dure », de
« s'amye » qu'il apostrophe ainsi :

> *Faulse beauté, qui tant me couste cher... ?*

Le miracle, c'est bien qu'il ait gardé un fonds de tendresse
ingénue, qu'il sache retrouver la naïve confiance de sa mère
« povrette et ancienne » pour invoquer la Sainte Vierge,

> *Dame du ciel, regente terrienne.*

Au vrai, rien ne lui arrive dont il ne tire un motif de poésie :
sa requête au Parlement prend la forme d'une ballade, comme
cet appel à Garnier, le clerc du guichet, où il évoque en plai-
santant la sinistre question. Ne saluera-t-il pas dans un quatrain railleur son propre cadavre qu'il imagine raidi au bout
d'une corde ? Car l'ironie est l'autre recours de cet artiste.
Il en use dans sa liste de legs facétieux non moins que dans
l'éblouissante ballade des femmes :

> *Il n'est bon bec que de Paris.*

Il la tourne mélancoliquement contre lui-même lorsque, faisant don de son corps « à nostre grand mère la terre », il ajoute :

> *Les vers n'y trouveront grant gresse :*
> *Trop luy a faict faim dure guerre.*

« Le povre Villon » : cet adjectif revient sans cesse sous sa
plume quand il médite sur son sort. Pauvre, il le fut, dit-il,
dès son enfance avant de devenir « ung povre petit Escollier »
et il nous adjurera finalement de prier « pour l'ame du povre
Villon ». Avec quelle ardeur sincère il regrette les occasions
perdues :

> *He Dieu ! si j'eusse estudié*
> *Au temps de ma jeunesse folle... !*

Pour conjurer ce passé, il trouve des accents qui nous émeuvent parce qu'ils traduisent son émotion avec une poignante simplicité

> *En escrivant ceste parolle,*
> *A peu que le cueur ne me fend...*

Cependant il ne renie rien de ses faiblesses : comme plus tard le pauvre Lélian, le povre Villon accepte de vivre et d'exprimer la dualité qu'il porte en lui-même. Cet amateur de repues franches saluera Jehanne, « la bonne Lorraine » comme il maudira

> *Qui mal vouldroit au royaume de France ;*

avec la même sympathie qu'il peignait les héroïnes de la ballade des « neiges d'antan », il se penchera vers les « pauvres vielles sottes » qui se lamentent

> *Assises bas, à croppetons,*
> *Tout en ung tas, comme pelottes...*

Et les réussites de Villon ne se limitent point aux beaux vers isolés qui s'inscrivent aussitôt en nos mémoires. Outre ses ballades dont plusieurs sont des chefs-d'œuvre accomplis, que l'on lise, par exemple, les strophes XXXIX, XL et XLI du *Grant Testament* et l'on y reconnaîtra un magnifique poème, dédié au sentiment qui obséda Villon : la hantise de la mort inéluctable. Non seulement il y proclame que « Mort saisit, sans exception » pauvres et riches, nobles et vilains ; mais il répète obstinément que « quiconques meurt, meurt à douleur » et il précise avec un impitoyable réalisme :

> *Son fiel se creve sur son cueur,*
> *Puis sue, Dieu sçait quelle sueur !*

Or, cette danse macabre, en même temps qu'il la décrit universelle, Villon montre que chacun y joue sa partie en solitaire, abandonné par les êtres qui lui sont les plus chers. Et c'est alors qu'en prélude à la ballade des dames du temps jadis, il lance la plus suave de ses invocations :

> *Corps feminin qui tant es tendre,*
> *Poly, souef, si precieulx,*
> *Te faudra-t-il ces maulx attendre?*

Comme Rutebeuf mais avec une toute autre ampleur, Villon
prouve que l'appel direct à l'âme du lecteur jaillit d'un réalisme vécu, non d'une feinte psychologie. Pour plonger plus
avant dans cette détresse où sa foi voyait encore luire un
espoir, il ne lui restait plus qu'à écrire la plus solennelle de ses
ballades, celle qu'il fit « pour luy et ses compagnons, s'atten-
dant estre pendu avec eux » :

> *Frères humains, qui après nous vivez,*
> *N'ayez les cueurs contre nous endurcis...*
> *Mais priez Dieu que tous nous vueille absouldre.*

Les siècles ont passé ; plus que jamais nous nous sentons liés
par cette humaine fraternité avec le plus grand poète du
Moyen-Age.

A consulter : Gaston PARIS, *la Poésie au Moyen-Age* ; Marcel
SCHWOB, *Spicilège* ; Pierre CHAMPION, *Vie de Charles d'Or-
léans* et *Vie de François Villon*. « Poètes français avant
Ronsard », numéro spécial des *Cahiers du Sud*.

Chapitre III

LES VISAGES DE LA RENAISSANCE

Serait-il donc si difficile d'être simplement juste envers les poètes du XVIᵉ siècle ? Ceux d'entre eux qui avaient été les plus adulés de leur vivant furent en butte, dans la période classique, aux violentes attaques des guides de l'opinion. Le seul Marot a trouvé grâce aux yeux de Boileau et ce législateur du Parnasse endosse les iniques jugements de Malherbe sur Ronsard qui restera pour des générations un pédantesque Icare,

> *Ce poète orgueilleux, trébuché de si haut.*

Nous devons savoir gré aux romantiques d'avoir renoué avec leurs ancêtres de la Pléiade ; à cet égard, Sainte-Beuve marqua une étape importante lorsqu'il publia, en 1828, son *Tableau de la poésie française au XVIᵉ siècle*. Toutefois cette réhabilitation était incomplète ; il fallut attendre encore une centaine d'années pour que Scève fût remis à son véritable rang. Est-il à présent nécessaire de verser dans un autre excès et, comme le faisait récemment Thierry Maulnier, d'exalter le XVIᵉ siècle au détriment du Romantisme ? Nous ne le pensons pas et, sans leur demander de nous fournir une machine de guerre contre aucun de leurs successeurs, nous nous efforcerons de montrer comment Ronsard et ses émules, en même temps qu'ils augmentaient notre trésor lyrique, ont lucidement posé certaines questions générales qui dominent l'histoire de la poésie en France.

Et d'abord les observateurs qui ont analysé les traits permanents du caractère national ne s'accordent-ils point pour en relever plusieurs que l'on doit bien considérer comme nettement défavorables à la ferveur poétique ? D'où le jugement que portera Baudelaire dans son étude sur Gautier : « La France n'est pas poëte ; elle éprouve même, pour tout dire, une horreur congénitale de la poésie. Parmi les écrivains qui se servent du vers, ceux qu'elle préfèrera toujours sont les plus prosaïques. » Plus brutalement encore, dans une lettre de 1866 à M. Ancelle, l'auteur des *Fleurs du Mal* lui reprochera d'avoir été « assez enfant pour oublier que *la France a horreur* de la poésie, de la *vraie* poésie ; qu'elle n'aime que les saligauds, comme Béranger et de Musset ». Or, si Béranger faussement plébéien et le Musset des « trois marches de marbre rose » sont les successeurs de Voltaire dans la poésie légère, ils peuvent tous les trois alléguer l'exemple de Marot que nul Français n'a osé désavouer.

En étudiant sa biographie, on apprend avec surprise que Clément Marot (1496-1544) n'a pas été uniformément heureux, qu'il fut fait prisonnier à Pavie, enfermé au Châtelet comme luthérien, contraint de fuir jusqu'à Venise, sommé à son retour d'abjurer solennellement, inquiété de nouveau après sa médiocre traduction des *Psaumes* et que, suspect même à Genève, il mourut en exil à Turin. Mais ces agitations n'ont guère laissé de traces dans ses ouvrages, sauf l'épigramme vengeresse sur Samblançay et le lieutenant Maillart, de la même veine que les vers de l'*Enfer* (ainsi nomme-t-il la prison du Châtelet) où il nous adjure de plaindre

> *Les innocents qui en tels lieux damnables*
> *Tiennent souvent la place des coupables.*

En de tels passages, au surplus, si son indignation se hausse à l'éloquence, elle ne lui suggère aucune image lyrique. Si bien que le lecteur de Marot se le représente tout naturellement dans sa période prospère, valet de chambre du roi ou abrité à Nérac par Marguerite de Navarre. Cette sœur de François Ier ne fut pas seulement la protectrice des écrivains et des savants ; outre les nouvelles de l'*Heptaméron*, elle publia *les Marguerites de la Marguerite des Princesses* dont certains traits attestent une sensibilité délicate :

> *Adieu l'adieu souvent dit sans parler,*
> *Dont la mémoire augmente le regret.*

A sa cour, avec Marot, elle accueillit Mellin de Saint-Gelais

(1487-1558), le pétrarquisant un peu bavard qu'émeut pourtant la beauté des fables antiques :

> *Par l'ample mer, loing des ports et arenes,*
> *S'en vont nageant les lascives Syrenes...*

Et l'on peut à bon droit soutenir que, par sa culture et sa complexité, Marguerite de Navarre (1492-1549) incarne mieux qu'aucun de ses protégés l'esprit de la Renaissance française. Il n'en est pas moins vrai que, devant la postérité, sa renommée ne saurait balancer la gloire de Marot.

A quoi ce gentil esprit dut-il de passer, en son temps, pour un grand poète ? Sans nul doute au parfait accord entre son tempérament et les goûts de ses contemporains. Éditeur de Villon et du *Roman de la Rose*, Marot n'a pas plus rompu avec le Moyen-Age qu'il n'a renié les grands rhétoriqueurs dont il a souvent imité les jongleries. Il évoquait tout ce passé avec une souriante mélancolie :

> *Au bon vieulx temps un train d'amour regnoit*
> *Qui sans grand art et dons se demenoit...*

D'autre part, lecteur de Boccace, Marot s'est fait le traducteur de Virgile et d'Ovide : de l'antiquité, remarquons-le, il ne connaît guère que les poètes latins et ne leur emprunte, pour son propre usage, que les genres de la poésie familière, l'églogue et l'épître. Là pouvaient se déployer toutes ses qualités : un bon sens bourgeois que sa verve spontanée retenait de choir dans la platitude, une malice sans méchanceté, un sens du détail pittoresque, une ingénieuse aisance à trouver en toute chose la matière d'un « élégant badinage ». Or, cet art d'échapper au prosaïsme sans dérouter son auditeur par de brusques sautes d'imagination répond trop à un besoin du public français pour n'avoir pas assuré au spirituel Marot un succès durable. Avec ses deux *Épîtres au Roi* pour avoir été dérobé et pour le délivrer de prison, il s'affirme comme un maître du poème de conversation. Dans l'*Épître à Lyon Jamet* il conte si joliment la fable du lion et du rat que La Fontaine n'a point tenté de rivaliser avec lui, se sentant battu d'avance. Du moins le rapprochement nous permet-il de rendre à Marot cet hommage que, par sa grâce fluide, il annonce quelquefois

La Fontaine qui goûtait certainement son « épigramme de soy-mesme » :

> Plus ne suis ce que j'ay esté,
> Et ne le sçaurois jamais estre ;
> Mon beau printemps et mon esté
> Ont fait le saut par la fenestre.

Le sentiment de la dignité, de l'autonomie du verbe poétique, voilà qui, dès l'abord, opposait à Marot les poètes de l'École lyonnaise ainsi que ces deux amis de Maurice Scève : Antoine Heroët (mort en 1568) qui, dans sa *Parfaicte Amye*, affina les flèches du *Roman de la Rose* :

> Ainsi de luy plus que de moy pensive,
> En moy j'estois trop plus morte que vive ;

Pontus de Thyard (1521-1605) qui fut amoureux de Louise Labbé avant de devenir évêque comme Heroët et dont maint contemporain se murmura le voluptueux sonnet :

> Père du doulx repos, Sommeil, père du Songe...

Joignez à ces noms ceux de Pernette du Guillet (1521-1545) et de Louise Labbé, la belle Cordière (1526-1566) et vous aurez assemblé les principaux représentants du mouvement artistique et intellectuel que domine la figure de Maurice Scève (1511-1564).

Ce fut une harmonieuse carrière que celle de ce noble poète, riche, cultivé, épris de musique et de métaphysique platonicienne, qui vécut glorieusement dans sa ville de Lyon alors toute ouverte aux influences de la Renaissance : Marguerite de Navarre lui demandait deux sonnets comme préface à ses *Marguerites* et du Bellay l'appelait un « esprit divin ». Ayant égalé Pétrarque en sa *Délie*, devancé Ronsard avec la *Saulsaye*, « églogue de la vie solitaire », Maurice Scève n'affrontait-il pas la comparaison avec Dante quand il publia son *Microcosme* ? Nettement optimiste, il y retraçait l'épopée de la liberté humaine, du progrès humain, de la rédemption et du retour au Paradis par le savoir. Dans cette imposante conception la faute d'Ève apparaissait « bienheureuse » puisqu'elle avait fait d'Adam le grand initiateur, le grand ouvrier, le grand générateur. Scève réconciliait donc les traditions médiévales et l'humanisme renaissant lorsqu'il écrivait :

> *Ne vois-tu, ô Adam, que ton Dieu se dispose*
> *A travailler en toy, comme en soy il repose ?*

Comment expliquer alors que, durant trois siècles, l'oubli ait recouvert des ouvrages où abondaient les trouvailles de cette qualité :

> *Quelle sera la délectation*
> *Si ainsi doulce est l'umbre de l'attente ?*

Sans doute le revirement fut-il amorcé par Ronsard qui, malgré les éloges formels qu'il lui décerna, tenait Scève pour l'héritier des rhétoriqueurs et n'appréciait ni son mysticisme ni son goût de l'introspection. Néanmoins on doit avouer que le principal coupable fut Scève lui-même dont le vocabulaire s'encombra trop souvent d'archaïsmes et de latinismes. Le premier peut-être, il rêva d'une perfection verbale qu'il s'efforçait d'atteindre par l'allitération, l'harmonie imitative, les hardiesses syntaxiques. Malheureusement il s'imagina que son idéal ne se pourrait réaliser que dans une langue très savante, inaccessible aux gens de culture moyenne. Déjà Étienne Pasquier, en le félicitant d'avoir été « le premier qui franchit le pas » déplorait le « sens si ténébreux et obscur » des « dizains continuels » de sa *Délie*. Et pourtant ce poète « obscur » nous a légué des vers proverbiaux comme :

> *Le vain travail de voir divers païs...*

de mystérieuses confidences qui annoncent les chuchotements de Verlaine :

> *Que depuis l'Ame estonnée, et tremblante...*

des invocations qui chantent victorieusement à travers les temps :

> *Car seulement l'apparent du surplus,*
> *Première neige en son blanc souveraine,*
> *Au pur des mains délicatement saine*
> *Ahontiroyt le nud de Bersabée*
> *Et le flagrant de sa suave alaine*
> *Apovriroyt l'odorante Sabée...*

La pire injustice pourtant serait de concéder à Scève quelques réussites épisodiques et de méconnaître ainsi quel haut
dessein il se proposait. Rien ne lui a fait plus de tort, à cet
égard, qu'une note de La Croix du Maine, spécifiant que *Délie*
était l'anagramme de : l'Idée. D'où beaucoup d'historiens ont
inféré que l'exaltation de « Délie, object de plus haulte vertu »
n'était qu'un jeu tout abstrait. Or, celle à qui Scève prêta le
nom que portait la maîtresse de Tibulle, était un être bien
réel, Pernette du Guillet, dans un volume d'agréables
Rymes et de plaisantes chansons, lui déclarait :

> *Je tascherai faire en moy ce bien croistre,*
> *Qui seul en toy me pourras transmuer...*

Au recueil qui contient ces vers et fut édité après la mort de
Pernette, Scève contribua trois épitaphes : après avoir
reflété dans *Délie* toutes les péripéties de leur amoureuse
liaison, il y saluait une dernière fois celle qui disparaissait

> *Au monde ingrat laissant honteuse vie*
> *Et longue mort à ceux qui l'ont congneue.*

D'ailleurs, s'il avait réduit la poésie à une algèbre, comment
aurait-il encouragé cette Louise Labbé dont nous ignorons
encore si elle fut une grande amoureuse ou une courtisane mais
en laquelle nous honorons la Sapho de notre Renaissance ?
La « dame au luth » qui souhaita d'être enterrée « de nuit,
à la lanterne, accompagnée de quatre prestres, sans pompe
ni superstition », possédait ce qui manquait à Scève : la fantaisie ironique. Les alertes dialogues de son *Débat de Folie et
d'Amour* en font foi. Elle doit moins pourtant sa gloire à ses
discours et à ses élégies qu'aux brûlants sonnets où elle exprima
non seulement toute la « fureur divine » de l'Amour, mais
aussi les cruels remous que le dieu suscite dans les âmes qu'il
a blessées :

> *Ainsi Amour inconstamment me meine*
> *Et quand je pense avoir plus de douleur,*
> *Sans y penser je me treuve hors de peine.*
> *Puis quand e croy ma joye estre certeine,*
> *Et estre au haut de mon désiré heur,*
> *Il me remet en mon premier malheur.*

Dans le paysage d'ardente poésie que nous venons d'évoquer, quelle reste donc, en définitive, l'originalité du maître du chœur en son chef-d'œuvre, la *Délie* ? Sensible aux beautés de la nature qu'il savait admirer sur les étangs de la Saulsaye comme sous le « brouillas » de Fourvière, Scève n'en a pas moins compris que l'incantation poétique serait d'autant plus puissante qu'elle excluerait tout élément anecdotique et lié à des émotions périssables. S'il a parfois des traits hallucinants, à la Rimbaud, lorsqu'il dépeint

> *Sa face, angoisse à quiconque la voit,*

il appartient bien à une race de Français pour qui la poésie, synthèse intellectuelle et charnelle, ne connaît d'autres frontières que les formes musicales où elle s'enclôt jalousement afin de soustraire au temps ses conquêtes sur la durée. Oui, Scève a échoué dans son ambition de devenir le Lucrèce moderne. En revanche, quand il accomplissait le miracle de ravir pour toujours à l'écoulement perpétuel les minutes qui lui semblaient les trophées de sa vie, il avait acquis le droit de saluer sa Délie dans un langage qui est déjà celui de Baudelaire, de Mallarmé, de Valéry :

> *Mais toy, qui as (toy seule) le possible*
> *De donner heur à ma fatalité,*
> *Tu me seras la Myrrhe incorruptible*
> *Contre les vers de ma mortalité.*

Le nom d'école lyonnaise ne se justifie que par l'hégémonie de Scève sur les disciples assemblés autour de lui pour célébrer le « Dieu de l'amaritude ». Avec Ronsard et ses amis, au contraire, il s'agit d'un rassemblement organisé pour accomplir une œuvre de rénovation totale. Pierre de Ronsard (1524-1585), après avoir été page du dauphin et du duc d'Orléans, après avoir suivi de hauts personnages en Écosse, à Spire et à Turin, fut atteint de surdité, à vingt ans. Il se remit alors à l'étude des langues anciennes sous la direction de l'helléniste Daurat et en compagnie d'Antoine de Baïf (1531-1589). Bientôt Joachim du Bellay (1525-1560) s'associe avec eux ; ensuite Remy Belleau (1527-1577), Pontus de Thyard, Étienne Jodelle (1532-1573) viennent les rejoindre. Ils constituent

d'abord la Brigade ; puis, en souvenir du septuor d'Alexandrie,
la Pléiade. En 1549, Du Bellay publie en leur nom la *Défense
et Illustration de la Langue française*, ouvrage évidemment
inspiré par Ronsard qui n'a cessé de le développer dans ses
odes et discours, qui n'exagérait rien lorsqu'il rappelait aux
écrivains de sa génération :

> *Vous estes tous yssus de la grandeur de moy,*
> *Vous estes mes sujets, je suis seul vostre loy.*

Que veulent donc Ronsard et la Pléiade ? Comme l'indique
le titre de leur manifeste, ils souhaitent défendre la langue
française contre « latineurs » et « grécaniseurs », l'illustrer par
divers procédés tels que le « provignement » des mots (1),
l'emprunt de vocables « prégnants et significatifs » aux vieux
conteurs, aux dialectes, aux langages des métiers. Ils mènent
donc la lutte sur deux fronts : contre les ignorants qui ne savent
pas distinguer les termes nobles et les vulgaires, contre les
pédants qui prétendent parler grec et latin en français. Ce
qu'ils désirent emprunter aux anciens, ce sont les genres poétiques où s'est déployé leur génie : épopée, ode, élégie, épigramme. S'ils vantent le sonnet, « plaisante invention italienne », ils n'ont que mépris pour le rondeau, la ballade et
« autres telles épiceries ». Nul artiste n'a mieux senti que Ronsard la nécessité de fonder la poésie sur une orchestration
verbale très soigneusement étudiée, de réhabiliter l'alexandrin
comme équivalent du vers héroïque des auteurs classiques.
Aussi, tenant son ambition pour réalisée, définissait-il ainsi
le rôle qu'il avait joué :

> *(Je) mis la Poësie en tel ordre qu'apres*
> *Le François fut egal aux Romains et aux Grecs.*

A Ronsard et à sa cohorte nul ne pourrait donc reprocher
d'avoir méconnu la dignité de la poésie. Non seulement ils
s'en faisaient l'idée la plus haute mais ils ont parfaitement
compris que, dans une nation très civilisée comme l'était déjà
la France des Valois, la poésie était appelée à devenir l'extrême pointe, la fleur la plus raffinée, de la littérature. Le poète,

---

(1) Du substantif *verve*, par exemple, on tirera le verbe *verver* et
l'adverbe *vervement*.

selon Ronsard, est un créateur d'objets durables, d'œuvres
qui défient les injures du temps ; il guide ses contemporains
et décerne les seules couronnes qui ne se flétrissent point.
Quand on analyse ainsi ses théories, on est frappé d'y découvrir la plupart des principes et des thèmes qui prévaudront
chez nos classiques. Pourquoi ont-ils renié celui qu'ils auraient
dû traiter de précurseur ? Le quatrain que Ronsard inscrivit
en tête de sa *Franciade* explique ce qui serait autrement un
paradoxe :

> *Les François qui ces vers liront,*
> *S'ils ne sont et Grecs et Romains,*
> *En lieu de mon livre ils n'auront*
> *Qu'un pesant faix entre les mains.*

Tout se passe, en effet, comme si, dans cette épopée artificielle
où il commit l'erreur de renoncer à l'alexandrin pour employer
le décasyllabe, Ronsard s'était laissé éblouir par le souvenir
d'Homère et de Virgile : il se rend coupable de cette servilité,
de cette imitation littérale qu'il bafouait chez les émules de
l'écolier limousin. On doit regretter qu'il n'ait pas été toujours
fidèle à ses propres préceptes ; on ne saurait lui retirer l'honneur de les avoir formulés en une construction cohérente et
parfois grandiose.

Car il est également injuste de réduire son œuvre à quelques
pages d'anthologie et de mépriser les pièces qui figurent obligatoirement dans tous les florilèges. Ce n'est point, après tout,
un mince titre de gloire que d'avoir immortalisé les trois
femmes qu'il aima, d'avoir attaché le nom de Cassandre à
l'ode juvénile :

> *Mignonne, allons voir si la rose...,*

le nom de Marie à la plus mélodieuse épitaphe de notre langage :

> *Comme on voit sur la branche au mois de may la rose...*

le nom d'Hélène de Surgères aux radieuses minutes de la
jeunesse qu'avive la menace d'un inévitable déclin :

> *Quand vous serez bien vieille, au soir, à la chandelle...*

Sans doute relève-t-on dans ces morceaux bien des traces
d'influences italiennes ou antiques ; accablé par son érudition,

Ronsard ne peut chanter le « petit nombril que son penser
adore » sans se remémorer qu'il représente « l'androgyne lien
et le courroux du grand Saturnien ». Mais les deux livres
d'*Amours*, comme plus tard les *Églogues* et le *Bocage royal*,
abondent en réussites, à la fois techniques et expressives.
Ronsard y révèle son tempérament personnel ; sa sensualité,
sa mélancolie, il les traduit avec la grâce qui nous séduit dans
tel fluide *Sonnet pour Hélène* :

> *Je lyai d'un filet de soye cramoisie*
> *Votre bras l'autre jour, parlant avecques vous ;*
> *Mais le bras seulement fut captif de mes nouds,*
> *Sans vous pouvoir lier ny cœur ny fantaisie...*

Même s'il romançait un peu son existence, il ne mentait
pas entièrement lorsqu'il racontait, en 1563, qu'il était devenu
poète, à vingt ans, pour « témoigner par écrit sa détresse » à
la belle maîtresse qui le captiva. Une dizaine d'années (1550-
1560) avaient suffi pour le rendre célèbre non seulement en
France, mais en Europe : Marie Stuart lui envoyait un cadeau,
le Tasse lui lisait ses vers, Charles IX lui rendait visite dans
son prieuré de Saint-Cosme. Le renom de ce Vendômois
n'était pas dû au seul espoir qu'il produirait en sa *Franciade*
une épopée digne de l'*Iliade*. Plus encore que son talent d'intimiste, on admirait les vastes proportions de ses *Odes* et de
ses *Hymnes*, son art de varier les rythmes et les strophes. Et
vraiment notre poésie n'avait guère connu d'appel d'une
ampleur comparable à celle de l'*Hymne aux Astres* :

> *Je vous saluë, Enfans de la première Nuit,*
> *Heureux Astres divins, par qui tout se conduit...*

De même si Ronsard parfois s'y essouffle un peu, l'*Ode à
Michel de l'Hôpital*, avec ses huit cent seize vers divisés en
strophes, antistrophes et épodes, forme un monument majestueux auquel Malherbe devra beaucoup et où ne détonne
point la fière proclamation :

> *Ceux que je veux faire Poëtes*
> *Par la grâce de ma bonté,*
> *Seront nommez les interprètes*
> *Des Dieux et de leur volonté.*

Par son allure de *vates* autant que par cette situation privilégiée, Ronsard évoque souvent Hugo. Il en a les larges essors, l'universelle curiosité, le désir de mettre sa marque sur tous les genres cultivés à son époque. Sans doute lui arrive-t-il, comme à Hugo, de remplacer le lyrisme par l'éloquence, témoin la *Response aux injures et calomnies* qui annonce la verve satirique des *Châtiments*. Mais son émotion est profondément sincère quand il évoque, dans le *Discours sur les misères de ce temps*, le cruel traitement infligé à la France :

> *Je veux de siecle en siecle au monde publier*
> *D'une plume de fer sur un papier d'acier,*
> *Que ses propres enfans l'ont prise et dévestue,*
> *Et jusques à la mort vilainement batue.*

Alors que protestants et catholiques déchirent leur commune patrie par d'atroces querelles, Ronsard leur rappelle en vrai chrétien

> *Que Christ n'est pas un Dieu de noise ny discorde :*
> *Christ n'est que charité, qu'amour et que concorde.*

Envers la nature ses sentiments ne sont ni moins vifs ni moins constants. S'il l'associe à ses passions, s'il l'emplit d'allusions mythologiques, il chérit tendrement sa forêt de Gâtine que ravagent les bûcherons :

> *Forest, haute maison des oiseaux bocagers,*
> *Plus le cerf solitaire et les chevreuls legers*
> *Ne paistront sous ton ombre, et ta verte crinière*
> *Plus du soleil d'esté ne rompra la lumière.*

On peut le croire lorsqu'il écrit dans son *Hymne à l'Automne* :

> *Je n'avois pas quinze ans que les monts et les bois*
> *Et les eaux me plaisoyent, plus que la Court des Rois.*

Car, s'il ne l'avait pas aimée pour elle-même, la nature ne lui aurait pas inspiré ces vers par lesquels il devance La Fontaine :

> *J'aime fort les jardins qui sentent le sauvage,*
> *J'aime le flot de l'eau qui gazouillo au rivage.*

Il est donc légitime d'espérer que la souveraine consolatrice adoucit l'amertume de ses dernières années qu'assombrirent

son infirmité, la maladie, maintes déceptions : son intervention dans les luttes religieuses lui avait aliéné les calvinistes ;
Henri III et ses mignons lui préféraient Desportes. Avec
l'édition in-folio de 1584 Ronsard semble ériger son propre
tombeau. Comme Scève et plusieurs poètes du XVIᵉ siècle,
il avait ambitionné de doter sa patrie d'un moderne *De Natura
Rerum*. Dans le poème faustien de l'*Hymne aux Démons* où
il a décrit comme une expérience personnelle le passage d'une
« mesnie Hellequin », d'une chasse infernale, il tentait d'associer les démons aux muses, les ministres de l'inspiration scientifique aux servantes des transports lyriques. Mais bientôt
il perdit l'orgueilleuse confiance que proclame tel quatrain
de l'alchimiste Nuysement :

> *Je suis donc le Phénix qui renaist de sa cendre,*
> *Le grain qui, pour produire, en la terre pourrit.*
> *Je suis ce Pellican, et cette Salamandre*
> *Qui au feu prend naissance et du feu se nourrit.*

Ronsard, lui, après avoir incliné vers un panthéisme esthétique, s'était heurté à la difficulté d'unir la science et la poésie
sans demeurer superficiel ou tomber dans le didactisme ; il
dut s'avouer qu'il ne serait point le Lucrèce français. A l'ardent épicurisme de sa jeunesse, au tourment d'absolu qui le
troubla ensuite, succéda finalement une sorte de fatalisme
stoïque. Tous les derniers vers de cet « homme à soi-même
odieux » sont une invocation à la mort miséricordieuse, un
salut aux « chers compagnons » dont il ira « préparer la place »,
un adieu à tout ce qu'il abandonne,

> *Laissant pourrir çà-bas sa despouille de boüe,*
> *Dont le Sort, la Fortune, et le Destin se joüe,*
> *Franc des liens du corps pour n'estre qu'un esprit.*

Entre les amis de Ronsard Joachim du Bellay garderait le
premier rang même s'il n'avait pas été le théoricien de la
Défense et Illustration. Il mérite cette estime par d'exquises
mélodies comme ses *Vœux d'un vanneur de blé, aux Vents*,
par les sonnets de l'*Olive*, des *Antiquités de Rome* et des *Regrets*.
Dans le premier recueil (1549) il pétrarquise agréablement
pour louer Mlle de Viole. Dans les deux autres (1558-59),

écrits lors de son séjour à Rome, il montre, à côté de fines qualités de satiriste, un sentiment pénétrant de la majestueuse beauté des ruines. En toute occasion du Bellay est un intimiste qui excelle à nous faire partager ses émotions : sa tristesse devant « les reliques cendreuses » de la gloire romaine, son amour d'exilé pour sa « patrie » (n'a-t-il pas inventé ce mot ?) pour notre

> *France, mère des arts, des armes et des loix...*

ses mélancoliques élans vers son « petit Liré », vers les paysages où règne « la douceur angevine ». Si connu qu'il soit, on ne se lassera point de répéter le sonnet :

> *Heureux qui, comme Ulysse, a fait un beau voyage...*

parce que du Bellay, en parlant de lui-même avec un abandon sans fard, a traité un thème universellement humain.

Avec certains de ses *Mimes* Antoine de Baïf figure parmi les devanciers de La Fontaine ; mais son nom reste surtout lié à une tentative technique. Il essaya d'introduire chez nous la métrique des anciens. S'il avait réussi, Edgar Poe n'aurait pu reprocher au français d'être une langue antipoétique, arguant que les syllabes y sont comptées et non point mesurées. Mais notre langage était évidemment rebelle à toute organisation en iambes, trochées ou autres pieds et c'est une grâce spontanée plutôt qu'un savant agencement qui nous plaît dans telle chansonnette de Baïf :

> *Babillarde aronde, veux-tu*
> *Que de mes gluaux affutés*
> *Je te fasse choir de ton nid ?*
> *Babillarde aronde, tais-toi !*

Pour Remy Belleau, il serait injuste de le réduire à l'unique chanson d'*Avril*,

> *Avril, l'honneur et des bois*
> *Et des mois...*

car cet heureux traducteur d'Anacréon a plusieurs fois retrouvé la même allègre élégance dans ses « petites inventions », du

verveux *Papillon* à la sensuelle *Cerise*. Associons-lui Jean
Passerat (1534-1602) pour sa gracieuse villanelle :

> *J'ay perdu ma Tourterelle :*
> *Est-ce point celle que j'oy ?*

et sa railleuse chanson sur la bataille de Senlis dans la *Satyre
Ménippée*. A ces aînés se joint naturellement Philippe Desportes (1546-1606) : célèbres en leur temps, le sonnet d'*Icare*
et celui du *Sommeil* ne nous touchent pas moins par leur harmonieuse ampleur que la précieuse chanson :

> *O nuict, jalouse nuict, contre moy conjurée...*

A cette floraison lyrique les poètes tragiques apportèrent
leur contribution. On sait que la première représentation de
la *Cléopâtre* de Jodelle, en 1552, fut un événement littéraire
et que Ronsard félicita son auteur d'avoir retrouvé

> *L'honneur que l'homme Grec donne à la Tragedie.*

Un florilège de la Pléiade serait incomplet qui n'accepterait
pas, de Jodelle, le sonnet à la triple Hécate ou l'hommage
Aux Cendres de Claude Colet :

> *Tien, reçoy le cyprès, l'amaranthe, et la rose,*
> *O cendre bien heureuse, et mollement repose*
> *Icy jusqu'à la fin.*

De Robert Garnier (1535-1601) il faut inscrire sur ce livre
d'or non seulement les vers d'une frappe vigoureuse qui
annoncent déjà Corneille, mais surtout les amples chœurs
de *la Troade* et des *Juives* dont l'élan soutenu rappelle l'*Élégie
sur la mort de Ronsard* où Garnier oppose à l'homme éphémère
la nature immortelle :

> *O destin lamentable ! un homme qui approche*
> *De la divinité*
> *Est ravy de ce monde, et le front d'une roche*
> *Dure en éternité...*

Que, dans tout ce XVIᵉ siècle, l'influence de la Réforme se
mêle constamment, pour la renforcer ou la combattre, à celle

de la Renaissance, nous l'avons vu avec les *Psaumes* de Marot et avec la *Réponse* de Ronsard. En des temps si troublés les poètes ne peuvent s'établir dans l'atmosphère païenne où Ronsard avait rêvé d'égaler Pindare ; il leur faut prendre parti dans le débat religieux. Vauquelin de La Fresnaye le reconnaît lorsqu'il entreprend de composer, en 1574, son *Art poétique*. Desportes publie des *Psaumes* que Malherbe traitera sans indulgence et des *Sonnets spirituels* d'une grâce un peu molle. Au contraire, c'est dans la poésie religieuse que Jean Bertaut (1570-1611) donne toute sa mesure, avec les quatrains de son *Cantique de la Vierge* qui font songer aux tapisseries verbales de Charles Péguy :

> *C'est l'astre lumineux qui jamais ne s'estaint,*
> *Où comme en un miroir tout le ciel se contemple ;*
> *Le luisant tabernacle et le lieu pur et sainct*
> *Où Dieu mesme a voulu se consacrer un temple.*

Du côté des protestants il faut d'abord citer Guillaume du Bartas (1544-1590) pour ses deux poèmes sacrés : *Judith* et *la Première Semaine*, récit de la création du monde. Exalté en son temps au point que Ronsard ait pris ombrage de sa renommée, admiré par Milton et par Gœthe, du Bartas déçoit beaucoup le lecteur français d'aujourd'hui. Si la conception de son œuvre est grandiose, l'exécution est médiocre ; il n'en subsiste que des morceaux, d'un tour oratoire, où du Bartas exagère, jusqu'à les rendre ridicules, les procédés de Ronsard. Enfin son fatras et son mauvais goût ne sont point rachetés par cette vigueur passionnée qui emporte toutes les défaillances de métier chez un Agrippa d'Aubigné.

Celui-là, soldat et mémorialiste, pamphlétaire et prophète, demeure essentiellement le champion d'une Cause religieuse. Il le reste lorsqu'il se fait poète et doit à l'intensité de ses convictions de compter parmi les maîtres du XVIe siècle. Car, s'il ne publia *les Tragiques* qu'en 1616, Agrippa d'Aubigné (1550-1630) précise que ce fut en 1577 qu'il « traça comme pour testament cet ouvrage, lequel encore quelques années après il a pu polir et emplir ». C'est donc l'âme encore chargée d'impressions vécues que, « se tenant pour mort pour les plaies reçues en un grand combat », il a échangé l'épée contre la

plume. Alors il s'est décidé à « sortir du général discours »
pour dépeindre les horreurs qu'il avait contemplées :

> *Car mes yeux sont tesmoins du subjet de mes vers.*

Cessant de décrire « les feux d'un amour inconnu », il se laissera maintenant inspirer par une « autre fureur », par l'indignation qui dénonce et stigmatise :

> *Je veux, à coups de traits de la vive lumière,*
> *Crever l'enflé Pithon au creux de sa tasnière.*

A cette tâche vengeresse d'Aubigné emploie toutes ses
ressources, sa culture d'humaniste aussi bien que son ardeur
fanatique. Avant que ses haines aient pu se refroidir, il érigera,
en sept parties, le monument de sa vengeance : il dénombrera
les malheurs de la France *(Misères)*, les infamies de la cour
et de la magistrature *(Princes, la Chambre dorée)* ; il évoquera
les martyres des protestants et les massacres des guerres civiles
(les Feux, les Fers) ; il rappellera comment Dieu sut punir ses
ennemis *(Vengeances)* ; il citera ses adversaires à compa-
raître devant le Tout-Puissant pour être confondus *(Jugement)*. Sans doute la construction n'offre-t-elle pas dans toutes
ses lignes la majesté que faisait espérer un tel plan : elle a des
lézardes, elle a également des surcharges. Quoi qu'il en dise,
le fougueux lutteur n'en a point poli tous les passages rugueux
ni éclairé toutes les obscurités ; il lui est arrivé, pour relayer
l'inspiration poétique, de faire appel à la rhétorique. Mais au
milieu des broussailles éclôt soudain une fleur :

> *Une rose d'automne est plus qu'une autre exquise...*
> *Tous sortent de la mort comme l'on sort d'un songe...*
> *Je veux peindre la France une mere affligee*
> *Qui est entre ses bras de deux enfants chargee...*

Rage et tendresse : les deux sentiments sont si forts chez
d'Aubigné qu'ils ne laissent place à aucun intermédiaire. Il
fustige les Valois et leurs courtisans avec une véhémence si
âpre que c'est devenu un lieu commun de comparer ses *Tragiques* aux *Châtiments* ; mais il les hait surtout de permettre

que toute une nation soit exploitée, tyrannisée, réduite à la misère :

> *C'est pourquoi vous voyez sur la borne de France*
> *Passer à grands thresors cette chiche substance*
> *Qu'on a tiré du peuple au milieu de ses pleurs.*

Baudelaire ne s'y trompait pas qui empruntait à d'Aubigné l'épigraphe de ses *Fleurs du Mal*. Il savait que le chantre dantesque du XVIᵉ siècle avait fait justice d'une hypocrisie quand il protestait :

> *On dit qu'il faut couler les execrables choses*
> *Dans le puits de l'oubli et au sepulcre encloses,*
> *Et que par les escrits le mal resuscité*
> *Infectera les mœurs de la posterité :*
> *Mais le vice n'a point pour mere la science,*
> *Et la vertu n'est pas fille de l'ignorance.*

Il savait surtout que le partisan forcené qui n'avait pas craint de tancer publiquement son Maître :

> *Veux-tu long-temps laisser en cette terre ronde*
> *Regner ton ennemi ?...*

était aussi le grand artiste baroque capable de moduler la plus suave extase :

> *Tu aimes de ses mains la parfaicte harmonie :*
> *Notre luth chantera le principe de vie*
> *Nos doigts ne sont plus doigts que pour trouver tes sons,*
> *Nos voix ne sont plus voix qu'à tes sainctes chansons.*

A consulter : Sainte-Beuve, *Tableau de la poésie française au XVIᵉ siècle* ; Emile Faguet, *XVIᵉ siècle* ; Albert-Marie Schmidt, *la Poésie scientifique en France au XVIᵉ siècle* ; Thierry Maulnier, *Introduction à la poésie française* ; Valery Larbaud, *Domaine français* ; G. Trofimoff, *le Préclassicisme.*

CHAPITRE IV

LA BATAILLE DU CLASSICISME

Le XVIᵉ siècle avait offert le spectacle d'un libre foisonne-
ment dans tous les genres littéraires, l'individualisme de
Rabelais ou de Montaigne n'étant pas moindre que celui des
poètes. Au XVIIᵉ siècle, par contre, se manifeste assez vite
une tendance à la discipline, à l'effort méthodique. Si l'on
admire toujours les Grecs et les Romains, les motifs de ce
culte ont changé. Envers les chefs-d'œuvre de l'antiquité
Ronsard éprouvait la griserie d'une découverte sensuelle ;
Boileau y cherchera des modèles de bon goût et de mesure.
Après la période des révélations joyeusement accueillies voici
venir le moment de l'organisation des conquêtes, le temps où
l'on honorera plutôt la maîtrise d'Apollon que l'enthousiasme
de Dionysos. De plus, le siècle de Descartes et de Pascal voit
paraître une glorieuse phalange de prosateurs qui, s'ils dif-
fèrent pour tout le reste, s'accordent dans un même dessein :
faire de notre langage un excellent moyen d'échanges intellectuels en le rendant assez limpide pour refléter les plus subtiles nuances de la pensée consciente. Grâce à eux, le français
supplante le latin et devient la langue commune des élites
européennes.

Il va de soi que ce désir d'ordre et de clarté dans l'art littéraire répondait à un besoin d'équilibre dans le corps social
après les longues et furieuses secousses des guerres de religion.
Richelieu et Louis XIV ne s'y sont point trompés : l'œuvre
qu'ils accomplissaient dans le domaine politique devait trouver
son équivalent dans la littérature. Au chevalier de jadis, au
gentilhomme de naguère succédait un nouveau personnage :
l'honnête homme, qui saura porter sur tous les sujets un juge-

ment éclairé sans être en aucune matière un spécialiste. C'est
à ce tribunal des honnêtes gens que les artistes devront sou-
mettre leurs ouvrages. Quel sera l'instrument de mesure
commun aux auteurs et à leur public sinon la raison, ce bon
sens dont Descartes affirmait qu'il était « la chose du monde
la mieux partagée » ? Toutes ces circonstances concouraient à
orienter la littérature française vers un idéal de lucide harmonie.

Pourtant lorsqu'André Gide observe que notre classicisme
« tend tout entier vers la litote », ajoutant que sa « qualité
la plus exquise » est « la réserve », nous sentons que ces défini-
tions s'appliquent seulement à un petit groupe d'écrivains
de la seconde moitié du siècle. Or, cinquante ans plus tôt,
Malherbe avait promulgué ses rigoureux arrêts. Il n'est point
inexact de poursuivre l'analogie avec la politique, de dire que
la littérature aussi aura ses frondeurs qui répèteront les vers
de Ronsard :

> *Les Poëtes gaillards ont artifice à part,*
> *Ils ont un art caché qui ne semble pas art*
> *Aux versificateurs...*

Ces indépendants comprenaient qu'une extrême clarté n'est
point le climat le plus favorable à la poésie : le joug qu'on leur
prétendait imposer, ils refusaient carrément de l'accepter ou
le laissaient glisser sans bruit. L'histoire de la poésie au
XVIIe siècle est une suite de luttes où chacun des deux partis
pouvait affirmer qu'il défendait une cause sacrée. Racine et
La Fontaine concluront le débat ; mais leur triomphe sera,
d'un certain point de vue, si paradoxal qu'il condamnera
pour un siècle les « versificateurs » à la vaine parodie d'un
miracle.

« Enfin Malherbe vint... » : par ce cri d'un enthousiasme
sincère et soigneusement calculé, Boileau marquait la solidarité
entre deux régents du Parnasse, la continuité aussi d'une
même bataille à travers ses différents épisodes. Mais de quoi
félicite-t-il Malherbe ? Avant tout, d'avoir « réparé la langue »,
d'en avoir proscrit les archaïsmes, les mots techniques, les
dérivés et composés qu'aimaient les écrivains de la Pléiade,
les locutions gasconnes dont l'avaient encombrée les compagnons du Béarnais. Tâche ingrate, besogne de pédant, raillent
ses adversaires. En fait, selon Guez de Balzac, le « vieux

pédagogue... s'appelait lui-même, lorsqu'il était en belle
humeur, le grammairien en lunettes et à cheveux gris ». Mais
il n'était pas médiocrement fier de son rôle ; il osait proclamer :

Ce que Malherbe écrit dure éternellement,

parce qu'il avait travaillé, longuement et péniblement, sur
une matière éprouvée, sur un langage où le goût du courtisan
avait fait son tri parmi les trouvailles des « crocheteurs du
Port aux foins », où l'usage avait été sanctionné par la raison
après une minutieuse pesée. Parallèlement, comme le dit
encore Boileau, Malherbe s'efforçait d' « épurer l'oreille »,
pourchassant l'hiatus et l'enjambement, réclamant des mélodies bien carrées, méprisant les rimes imparfaites, confiant à
Racan « que cela sentait son grand poète de tenter les rimes
difficiles » et qu'elles « lui faisaient produire quelques nouvelles
pensées ». Avec la même patience il s'était constitué un répertoire d'images, presque toutes empruntées à la mythologie,
que l'on est tenté de comparer à une algèbre poétique. Par
tous ces procédés qui convergent au même but, François de
Malherbe (1555-1628) fut le créateur d'une véritable « machine
de langage ».

Parmi les défauts qu'il combattait, certains l'avaient d'abord
séduit : ses *Larmes de saint Pierre*, imitées de l'italien, abondent
en *concetti*. Malherbe a réagi contre lui-même, comme il a
réagi contre Ronsard, avec l'orgueilleuse brutalité qu'il porta
jusque dans l'amour et qui éclate dans la mise en demeure
par laquelle s'achèvent les stances célèbres :

Beauté, mon beau souci, de qui l'âme incertaine
A, comme l'océan, son flux et son reflux...

Avait-il un tempérament de poète, lui qui grommelait qu'un
« bon poète n'est pas plus utile à l'État qu'un joueur de
quilles » ? Non, répondent ceux pour qui la poésie est l'expression d'une sensibilité originale. A peine ceux-là pour-
ront-ils glaner dans les *Stances aux ombres de Damon* un salut
de ce Normand aux campagnes qu'arrose l'Orne. Il a fallu
l'assassinat de son fils pour lui arracher des accents personnels ;
encore souligne-t-il que « la raison » approuve son désir de
vengeance. On ne le calomnie point en disant qu'à ses yeux il
n'existe pas de poésie de l'individu. Il se tient pour l'inter-

prête des vérités universelles, voire des lieux-communs que développe la *Consolation à Monsieur Du Perrier* :

> *La mort a des rigueurs à nulle autre pareilles :*
> *On a beau la prier ;*
> *La cruelle qu'elle est se bouche les oreilles,*
> *Et nous laisse crier.*

Pour la pensée il se contente donc des thèmes du stoïcisme chrétien qu'inscrit son contemporain Pierre Matthieu (1563-1621) dans les massifs *Quatrains de la Vie et de la Mort* qui serviront de manuel de morale avec ceux de Pibrac. De l'actualité Malherbe ne retient également que des idées générales : louange de la paix, exécration des discordes civiles. Aussi devint-il, logiquement, une sorte de poète-lauréat. Mais qu'il célèbre Henri IV ou Marie de Médicis, Louis XIII ou Richelieu, sa grande affaire sera, dans ses *Odes*, de construire une strophe de dix vers dont les quatre premiers fourniront un socle majestueux à la statue dressée des quatre derniers, ou bien une stance dans laquelle le bref vers final jaillira de trois solennels alexandrins comme une fleur :

> *Toutes les autres morts n'ont mérite ni marque ;*
> *Celle-ci porte seule un éclat radieux,*
> *Qui fait revivre l'homme et le met de la barque*
> *A la table des dieux.*

Là, Malherbe nous apparaît non seulement un initiateur mais un monarque absolu, le maître d'une grave musique où l'image concrète acquiert la densité d'une formule abstraite :

> *La moisson de nos champs lassera les faucilles,*
> *Et les fruits passeront la promesse des fleurs...*

le maître d'une poésie où le réalisme même est moins familiarité que savant calcul, où l'éloquence rythmée a dépossédé le lyrisme :

> *Ont-ils rendu l'esprit, ce n'est plus que poussière*
> *Que cette majesté si pompeuse et si fière*
> *Dont l'éclat orgueilleux étonnait l'univers ;*
> *Et, dans ces grands tombeaux où leurs âmes hautaines*
> *Font encore les vaines,*
> *Ils sont mangés des vers.*

Pour le musicien comme pour l'incroyant un abîme sépare
cette altière paraphrase du psaume CXLV et les tendres
effusions d'un Jean de Sponde (1557-1595) :

> *Je vogue en même mer et craindrais de périr*
> *Si ce n'est que je sais que cette même vie*
> *N'est rien que le fanal qui me guide au mourir.*

Mais Sponde disparaît avant le moment où tout poète français
sera sommé de prendre parti pour ou contre Malherbe. Aucun
doute en ce qui concerne François de Maynard (1582-1646)
et Honorat de Racan (1589-1670) : ils sont les deux disciples
authentiques de Malherbe. Celui-ci tenait Maynard pour
« l'homme de France qui savait le mieux faire les vers » depuis
que son « écolier » lui avait enseigné la valeur d'une pause
après le troisième vers dans une strophe de six. Raffinant sur
les scrupules d'artisan de Malherbe, Maynard pratiquait le
« détachement » ; il exigeait que chaque stance, que chaque
vers offrît un sens complet, sans réfléchir que cela cause une
impression d'émiettement ou, si l'on préfère, de plénitude
bornée :

> *Je touche de mon pied le bord de l'autre monde :*
> *L'âge m'ôte le goût, la force et le sommeil,*
> *Et l'on verra bientôt naître du fond de l'onde*
> *La première clarté de mon dernier soleil.*

Les chefs-d'œuvre de Maynard sont naturellement les pièces
où le lieu-commun fut vivifié par une expérience intime ;
ainsi l'*Ode à Alcippe* où ce président du tribunal d'Aurillac
traduit son mépris pour les intrigues courtisanes et pour
« les fers dorés » ; ainsi les stances à *la Belle Vieille* qui ont la
noble mélancolie d'une chaconne de Chambonnières :

> *Ce n'est pas d'aujourd'hui que je suis ta conquête :*
> *Huit lustres ont suivi le jour que tu me pris ;*
> *Et j'ai fidèlement aimé ta belle tête*
> *Sous des cheveux châtains et sous des cheveux gris...*

A Racan, au contraire, Malherbe reprochait de s'abandonner
à sa facilité. « Racan, dit joliment Lanson, est comme une
première épreuve, plus grossière, de La Fontaine. » Bien qu'il
s'entoure de réserves, l'éloge peut sembler excessif. Disons

simplement que l'*Ode à Bussy* est d'une harmonieuse fermeté,
qu'il y a bien de la grâce dans les chansons épicuriennes des
Bergeries et que les fameuses *Stances sur la Retraite* ne manquent ni de sincérité ni de charme :

> *Vallons, fleuves, rochers, plaisante solitude,*
> *Si vous fûtes témoins de mon inquiétude,*
> *Soyez-le désormais de mon contentement.*

C'est en Mathurin Régnier, le neveu de Desportes, que
Malherbe devait rencontrer son plus rude adversaire. Nul
n'ignore la pittoresque satire où Régnier (1573-1613) ridiculise Malherbe et ses disciples :

> *Cependant leur savoir ne s'étend seulement*
> *Qu'à regratter un mot douteux au jugement,*
> *Prendre garde qu'un qui ne heurte une diphtongue,*
> *Épier si des vers la rime est brève ou longue...*

Ce bas travail auque n'excite   nul aiguillon divin ›, pour le
bouillant Régnier,

> *C'est proser de la rime et rimer de la prose !*

A tous les cuistres il oppose l'image d'une Muse spontanée,
justifiée jusque dans ses caprices apparents, puisque

> *Les nonchalances sont ses plus grands artifices.*

Cela revient à dire que Régnier se fait de l'art poétique a
même idée que de la vie et que l'épitaphe qu'il se composa
vaut pour l'artiste comme pour l'homme :

> *J'ai vécu sans nul pensement,*
> *Me laissant aller doucement*
> *A la bonne loi naturelle.*

Or, en obéissant à cette ‹ bonne loi naturelle ›, il a épuisé
ses forces et abrégé son existence ; n'a-t-il point aussi gaspillé
son talent ? Heureusement non, parce que son robuste génie
est nourri de moelle rabelaisienne et que cet héritier de Jean
de Meung enrichit sans cesse son fonds en observant les

mœurs de ses contemporains. Aussi n'éprouve-t-il nulle
cruauté perverse ; bien au contraire,

> *Et le surnom de bon me va-t-on reprochant,*
> *D'autant que je n'ai pas l'esprit d'être méchant.*

Loin de se juger lui-même infaillible, il demande le pardon
de ses erreurs avec une ingénieuse humilité :

> *Seigneur, dont la bonté nos injures surpasse,*
> *Comme de Père à fils uses-en doucement;*
> *Si j'avais moins failli, moindre serait ta grâce.*

Mais rien ne saurait l'empêcher d'avoir un regard aiguisé,
prompt à saisir le faible de chaque individu ni de disposer
d'une verve drue qui frappe en médaille le vers ou le distique :

> *Nous ne pouvons faillir suivant notre nature...*
> *Et qui, roi de soi-même, à soi-même commande...*
> *L'honneur estropié, languissant et perclus,*
> *N'est plus rien qu'une idole en qui l'on ne croit plus.*

Que l'humour soit chez Régnier une forme de lyrisme, on
s'en aperçoit quand il évoque les « tiercelets de poètes » ou
tel pédant nauséabond :

> *Ses yeux bordés de rouge, égarés, semblaient être*
> *L'un à Montmartre et l'autre au château de Bicêtre :*
> *Toutefois, redressant leur entre-pas tortu,*
> *Ils guidaient la jeunesse au chemin de vertu.*

S'il reste le plus grand des satiristes français, cela tient à ce
qu'il n'a rien d'un moraliste guindé. Mais, de tout son cœur,
il déteste le vice que stigmatise son chef-d'œuvre, *Macette
ou l'hypocrisie déconcertée.* Depuis trois siècles, elle vit pour
les lecteurs, « cette vieille chouette » qui,

> *Lasse enfin de servir au peuple de quintaine,*

s'est établie dans la dévotion, si bien que

> *Son œil tout pénitent ne pleure qu'eau bénite.*

Pourtant, écoutez ses conseils à la fille qu'elle veut séduire :

> *Je cache mon dessein aux plaisirs adonné.*
> *Le péché que l'on cache est demi-pardonné...*

> *Il ne faut simplement un ami qui vous plaise,*
> *Mais qui puisse au plaisir joindre l'utilité.*
> *En amour, autrement, c'est imbécilité...*

et vous reconnaîtrez que Régnier, bien supérieur à Horace et
à Boileau dans les satires de *l'Importun* et du *Souper ridicule*
a fait de Macette une digne sœur de Tartuffe. Aussi ne peut-on
dire qu'il ait été méconnu. Bien avant que Musset l'appelât
« de l'immortel Molière immortel devancier », Boileau voyait
en lui « le poète français qui, du consentement de tout le
monde, a le mieux connu, avant Molière, les mœurs et le
caractère des hommes ». A ce franc-tireur les purs classiques
marchandent d'autant moins leur admiration qu'elle s'adresse
à des qualités exceptionnelles, que ses boutades ne constituent
point une doctrine qui se pourrait opposer au code précis de
Malherbe.

Autre anarchiste des lettres que Théophile de Viau (1590-
1626). Fort sympathique est sa révolte et d'une parfaite
dignité quand il proteste :

> *Imite qui voudra les merveilles d'autrui.*
> *Malherbe a très bien fait, mais il a fait pour lui.*

On ne saurait pourtant ériger en méthode la capricieuse liberté
qu'il revendique :

> *Je veux faire des vers qui ne soient pas contraints,*
> *Promener mon esprit par des petits desseins ;*
> *Chercher des lieux secrets où rien ne me déplaise,*
> *Méditer à loisir, rêver tout à mon aise.*

Comme Régnier, Théophile pousse l'individualisme jusqu'à
la fantasque bohème. Contre eux, le succès de Malherbe était
inévitable et sans doute salutaire pour les lettres françaises.
L'injuste est que cette victoire discrédita longtemps le chantre
de « la maison de Sylvie ». Car, si Maynard et Racan ont chéri
la campagne, l'amour de la nature fut, chez Théophile, une
véritable passion, — au point qu'il lui arrive, comme dira
La Bruyère, de « s'appesantir sur le détail ». Bien qu'il rivalise
avec le Malherbe des *Odes* dans la *Lettre à son frère* et les
stances à *Monsieur de L...*, ses réussites les plus accomplies

demeurent les tendres effusions du *Matin* et de cette *Solitude*
où la présence de l'aimée rehausse les beautés du paysage :

> *Dans ce val solitaire et sombre,*
> *Le cerf qui brâme au bruit de l'eau,*
> *Penchant ses yeux dans un ruisseau*
> *S'amuse à regarder son ombre...*

Rappeler que Théophile est l'auteur de la trop célèbre
apostrophe au poignard de Pyrame (« il en rougit, le traître »),
c'est toucher à la délicate question des Précieux. On sait
combien la préciosité se développa en France dans la première
moitié du XVII⁰ siècle, sous des influences italiennes et espa-
gnoles, grâce à la vogue de *l'Astrée* et à la fondation de salons
comme celui de la marquise de Rambouillet. On sait aussi
que le triomphe du raffinement et du tarabiscotage amena
une réaction, que le burlesque à son tour connut un immense
succès. L'historien des modes a tout loisir d'étudier ces deux
mouvements comme successifs : il date approximativement
le premier des heureux débuts d'Honoré d'Urfé (1607) et le
second de l'offensive déclenchée par Charles Sorel avec son
Francion en 1622. Mais les choses s'arrangent moins aisément
si l'on considère les individus. Certes, il y a des cas bien tran-
chés : Voiture est, avant Benserade, le type du bel esprit précieux (1) ; Scarron, le maître d'un burlesque qui se réalise, au
reste, bien mieux dans la prose du *Roman comique* que dans
les vers de l'*Énéide travestie*. En revanche, Cyrano de Bergerac
unit dans ses fantaisies le précieux et le burlesque. Maint
poète de ce temps, lorsqu'il relit *le Roman de la Rose*, se sent
le frère à la fois de Guillaume de Lorris et de Jean de Meung.
Gardons-nous de trop simplifier les hommes d'une époque
encore indécise sur ses propres tendances ; souvenons-nous,
par exemple, que Malherbe et Maynard, ces défenseurs de la
haute poésie impersonnelle, ont fourni, tout comme les liber-
tins, leur contribution à « l'enfer des classiques ». Bien que le
mot soit équivoque, acceptons donc, après leurs contemporains

---

(1) Le sonnet de Voiture sur *Uranie* et celui de Benserade sur
Job provoquent cette querelle des Uranistes et des Jobelins qui
est un des épisodes marquants de l'histoire de la préciosité au
XVII⁰ siècle.

et Théophile Gautier qui les réhabilitera contre Boileau, de
qualifier de « Grotesques » ces indépendants que Faguet
appelle plus justement : « les romantiques de 1620 ». Théophile de Viau fut l'un d'eux, comme aussi Tristan L'Hermite
(1601-1655) que *le Promenoir des Deux Amants* suffirait à
immortaliser :

> *L'ombre de cette fleur vermeille*
> *Et celle de ces joncs pendants*
> *Paraissent être là-dedans*
> *Les songes de l'eau qui sommeille.*

Et pour compléter le trio, surgit celui qui se nommait lui-même
le « bon gros Saint-Amant » (1594-1661) et qui chanta les
goinfres, la « crevaille », la tabagie et le « melon sucrin ». Mais
ce paresseux était en même temps un contemplateur, capable
de goûter la solitude qu'il peuplait de ses rêves romanesques :

> *Oh que j'aime la solitude !*
> *Que ces lieux sacrés à la nuit,*
> *Éloignés du monde et du bruit,*
> *Plaisent à mon inquiétude !*

Jordaens de la poésie, peintre du « pauvre rimeur crotté »,
ce visionnaire bachique aura dédié à la Nuit solitaire une des
plus subtiles incantations de notre langage :

> *Tous ces vents qui soufflaient si fort*
> *Retiennent leurs haleines ;*
> *Il ne pleut plus, la foudre dort,*
> *On n'oit que les fontaines*
> *Et le doux son de quelques luths charmants*
> *Qui parlent au lieu des amants...*

Bien que de nombreux poètes, de Jodelle à Montchrétien,
aient travaillé pour le théâtre, le véritable fondateur de notre
tragédie classique avait été Alexandre Hardy, médiocre
artiste, habile fournisseur, qui ne se distingua pas moins dans
la tragi-comédie et la pastorale. Rejetant les chœurs et les
ornements littéraires, il établit la primauté de l'action dramatique. Pourtant les gens de goût en France (comme Sidney,
en Angleterre) raillaient les invraisemblances (que ne palliait
point l'emploi du décor simultané) de ces pièces qui se dérou-

laient pendant des années en diverses contrées. Le triomphe
des trois unités d'action, de temps et de lieu fut marqué, en
1634, par la *Sophonisbe* de Mairet. Pierre Corneille (1606-
1684) n'était alors que l'auteur de cinq aimables comédies.
Qu'il n'entra point sans difficulté dans l'étroite gaîne que les
critiques imposaient aux dramaturges, l'*Illusion comique* ne
le laisse pas moins deviner que *le Cid*. Sans se révolter contre
les doctes règles, il tentera de desserrer leur corset. Il aboutit
à un compromis entre l'espagnolisme romanesque qui s'épa-
nouira encore dans *Don Sanche* et *Nicomède* et son goût
d'avocat normand pour les plaidoyers politiques d'*Horace*
et de *Cinna*. Sa glorification de la volonté, son exaltation
d'une grandeur d'âme qui se manifeste également par les
exploits ou les crimes, tout cela crée une atmosphère tendue où
l'héroïsme n'évite ni la rhétorique ni la déclamation. Aussi
scrupuleux que Malherbe (ses corrections et ses examens en
font foi) Corneille est certainement un des grands pionniers
de l'art classique. Cependant son successeur immédiat traitera
son œuvre en obstacle à l'instauration d'un vrai classicisme.

   Quelle est donc, chez Corneille, la part de la poésie ? Elle
est réduite par l'abus d'une éloquence qui ne redoute pas
assez l'emphase et qui se déploie aussi bien dans l'*Excuse à
Ariste* et l'*Épître au Roi* que dans les discours des personnages.
Froides et oratoires dans l'ensemble, ses paraphrases de
l'*Imitation de Jésus-Christ* ont pourtant des traits d'une dense
beauté :

> *Tu possèderas tout sans besoin de choisir,*
> *Et tu t'abîmeras dans l'abondance pleine,*
> *Sans que la plénitude émousse le désir.*

Les fameuses *Stances à Marquise* demeurent d'un raison-
neur et nous touchent surtout en avouant l'orgueil du poète
grisonnant et la gaucherie du provincial devant une actrice
coquette. Sans doute la forme originale de la poésie corné-
lienne réside-t-elle plutôt dans certains échanges de répliques
entre Rodrigue et Chimène, Polyeucte et Pauline, Suréna et
Eurydice. Il semble que son génie naturel l'incitait à ménager
ainsi dans ses tragédies des intermèdes lyriques sous la forme
de duos ou de solos. Peut-être ne fut-il jamais plus librement
lui-même qu'en écrivant les charmantes et précieuses Stances

de Rodrigue, celles de Polyeucte qu'anime un si bel élan mystique jusqu'en leurs dernières notes de renoncement :

> *Et mes yeux, éclairés des célestes lumières,*
> *Ne trouvent plus aux siens leurs grâces coutumières...*

l'adorable invocation de *Psyché* enfin où la voix du vieux Corneille atteint à la plus troublante suavité :

> *Plus j'ai les yeux sur vous, plus je m'en sens charmer :*
> *Tout ce que j'ai senti n'agissait pas de même,*
> *Et je dirais que je vous aime,*
> *Seigneur, si je savais ce que c'est que d'aimer...*

Le lundi 15 juin 1693 marque une date dans l'histoire de notre littérature. La Bruyère, en effet, lit son remerciement à l'Académie française qui, dit-il, « n'a jamais, depuis son établissement, rassemblé un si grand nombre de personnages illustres par toutes sortes de talents ». Mais voyez les noms de ceux qu'il loue dès l'abord et sans réserve : La Fontaine (1621-1695), Boileau (1636-1711), Racine (1639-1699), Bossuet (1627-1704). Ce discours n'est-il pas le salut d'un cadet (La Bruyère est né en 1645) aux glorieux aînés qui lui ont généreusement renvoyé l'ascenseur ? En échange, ne consacre-t-il point publiquement leur triomphe, celui de la génération de 1660 à laquelle appartient le Roi lui-même ? Fontenelle et les partisans de Corneille, accusés de « n'aimer peut-être dans *Œdipe* que le souvenir de leur jeunesse », sentent toute l'insolence de ce chant victorieux. En fait, de la société des quatre amis qu'évoquait jadis La Fontaine, ils sont trois qui, en cette mémorable séance, s'entendent ainsi traiter en écrivains classiques. Racine, Boileau et La Fontaine se remémorent-ils le temps où ce dernier mettait en scène sous les pseudonymes transparents d'Acante, Ariste et Polyphile ? Comme il nous plaît de les imaginer à leurs débuts, avant la brouille entre Racine et Molière, réunis au cabaret du *Mouton Blanc*, improvisant les bouffonneries du *Chapelain décoiffé* ! Ainsi dans quelque taverne s'assemblaient autrefois Théophile, Saint-Amant et Dalibray : car, depuis la *Sirène* de Shakespeare et des deux côtés de la Manche, l'influence littéraire des tavernes n'a pas été moins utile que celle des salons.

Dans le roman de *Psyché* — où l'on discute encore si Gélaste représente Molière ou Chapelle — La Fontaine s'est évidemment délecté à peindre ce qui le rapprochait de Racine, de cet « Acante » qui, « selon sa coutume », propose une promenade hors de la ville : « Il aimait extrêmement les jardins, les fleurs, les ombrages. Polyphile lui ressemblait en cela ; mais on peut dire que celui-ci aimait toutes choses... Ils penchaient tous deux vers le lyrique, avec cette différence qu'Acante avait quelque chose de plus touchant ; Polyphile, de plus fleuri. » La nuance, si délicatement exprimée, n'est pas moins juste que le pseudonyme choisi par notre spirituel Champenois. Pour lui rendre un affectueux hommage, Giraudoux a narré sa vie « comme une épopée de la simplicité et de la distraction ». Mais il s'agit d'une distraction active, celle d'un esprit qui ne repoussait aucune occasion d'aller butiner sur quelques fleurs nouvelles. Pareille mobilité choquait le sévère Colbert, déplaisait à leur exigeant souverain, ne laissait pas d'inquiéter Boileau ; elle permit cependant au poète de déjouer les tentations que Giraudoux a décrites si pittoresquement. Car, en dépit de tant d'historiettes que le Bonhomme était bien trop fin pour démentir, La Fontaine n'avait rien d'un hurluberlu ; mais il fut l'un des rares indépendants de son époque et pouvait, à soixante ans, compléter avec un sourire le portrait de Polyphile :

> Je m'avoue, il est vrai, s'il faut parler ainsi,
> Papillon du Parnasse et semblable aux abeilles
> A qui le bon Platon compare nos merveilles ;
> Je suis chose légère, et vole à tout sujet ;
> Je vais de fleur en fleur, et d'objet en objet.

Que ce papillonage lui ait servi de méthode, nous le voyons quand il énumère ses lectures dans une lettre à Saint-Évremond et dans l'*Épître à Huet*. Il s'y vante de son éclectisme ; il se déclare « plein de Machiavel, entêté de Boccace », fidèle à son amour de jeunesse pour l'*Astrée*. S'il est impitoyable pour Ronsard qu'il trouve « dur, sans goût, sans choix », il se dit encore « le disciple de maître François, de maître Clément, de maître Vincent ». Ce dernier nom marque probablement le pire danger qu'il ait couru et l'on peut croire qu'il y songe quand il parle d'un modèle qui « pensa le gâter » ; car

les vers où il promit à Fouquet une pension payable en madri-
gaux et en ballades rivalisent d'affèterie avec les rondeaux de
Vincent Voiture. Pour Rabelais, on s'explique aisément qu'il
se promène avec Boccace dans les Champs-Élysées de l'auteur
des *Contes*. Enfin, si La Fontaine à ses débuts abusa quelquefois du style marotique, il n'a guère tardé à exceller dans le
badinage versifié ; ni Marot ni Voltaire n'ont joué du décasyllabe plus adroitement qu'il le faisait en dédiant *Belphégor*
à la Champmeslé :

> *Par des transports n'espérant pas vous plaire,*
> *Je me suis dit seulement votre ami,*
> *De ceux qui sont amants plus qu'à demi.*
> *Et plût au ciel que j'eusse pu mieux faire !*

Or, à ces diverses sources il puise en dilettante épicurien,
sans se laisser dominer par personne, même par les plus
illustres :

> *Mon imitation n'est point un esclavage,*

dit-il, à propos de Virgile. Quand il emprunte quelque chose
aux anciens, il se l'approprie complètement et l'incorpore à
son œuvre,

> *Tâchant de rendre mien cet air d'antiquité.*

Faguet observait justement qu'un siècle de poésie française
aboutit à La Fontaine ; mais dans cette énorme masse il a
su choisir, avec un goût exquis. Il a confessé une si vive
admiration pour

> *Malherbe avec Racan, parmi les chœurs des anges,*
> *Là-haut de l'Éternel célébrant les louanges,*

que l'on s'étonne parfois de ne point trouver chez lui plus
d'échos directs de ces maîtres. C'est que son lien avec Racan,
comme avec Théophile, est moins formel que sentimental ;
ils ont en commun cet amour de la nature qu'exalte *le Songe
de Vaux* :

> *Errer dans un jardin, s'égarer dans un bois,*
> *Se coucher sur des fleurs, respirer leur haleine,*
> *Écouter en rêvant le bruit d'une fontaine*
> *Ou celui d'un ruisseau roulant sur des cailloux.*

Quant à Malherbe, il lui doit le souci de perfection qui a discipliné les ressources de son génie, qui lui fait atteindre, dès
l'*Adonis* de 1657, à ce que Valéry appellera « un enchaînement
si prolongé de la grâce » en des vers qui annoncent déjà la
mélodie racinienne :

> *Je ne demandais pas que la Parque cruelle*
> *Prît à filer leur trame une peine éternelle ;*
> *Bien loin que mon pouvoir l'empêchât de finir,*
> *Je demande un moment et ne puis l'obtenir.*

Il ne se trompait donc point en se rangeant parmi les
poètes lyriques, ce chantre des « délicieux moments » d'*Adonis*,
des tendres plaintes de *Psyché*, de la Volupté à laquelle il
adresse un hymne si confidentiel :

> *J'aime le jeu, l'amour, les livres, la musique,*
> *La ville et la campagne, enfin tout ; il n'est rien*
> *Qui ne me soit souverain bien*
> *Jusqu'au sombre plaisir d'un cœur mélancolique.*

Mais, pour s'accomplir pleinement, il lui fallait créer un genre
qui lui appartiendrait en propre. Pour échapper à l'inévitable
monotonie du conte grivois comme aux périlleux hasards des
sujets inspirés par de trop bons sentiments (*Saint Malc* ici
rejoint le *Quinquina*), La Fontaine s'institua fablier. Ainsi
rien ne l'empêchait plus d'offrir aux hommes, aux bêtes et
aux dieux leurs images reflétées dans

> *Une ample comédie à cent actes divers*
> *Et dont la scène est l'univers.*

Quel lecteur des *Animaux malades de la peste*, de l'*Homme et
la Couleuvre*, du *Paysan du Danube* nierait qu'il ait rempli
ce somptueux programme ? Paysages, portraits, dialogues et
jusqu'aux moralités concentrées en formules incisives, tout
concourt au relief dramatique de cette mouvante épopée.
Partout néanmoins s'y insinue, selon le mot de Fargue, « cette
poésie si claire, presque impalpable, faite de vapeurs mati-
nales, de rumeurs chaudes et presque de babil ». Giraudoux
remarque opportunément que, loin de se désavouer, La Fontaine a donné à maintes fables (par exemple, *le Chat, la Belette
et le Petit Lapin*) le tour d'un conte achevé. Le cas n'est pas

rare non plus où ce maître du vers libre, ce musicien dont les
chefs-d'œuvre sont à la fois des microcosmes et des merveilles
de subtilité rythmique, élargit la fable en épître, en méditation
personnelle. Songez à *la Mort et le Mourant*, au prélude du
Meunier, son Fils et l'âne, au commentaire des *Deux Amis*,
à l'apostrophe finale des *Deux Pigeons* :

> *Amants, heureux amants, voulez-vous voyager ?*
> *Que ce soit aux rives prochaines.*
> *Soyez-vous l'un à l'autre un monde toujours beau,*
> *Toujours divers, toujours nouveau.*

Les moralistes peuvent discuter la valeur de son enseignement ;
tous les amis de la poésie française savent que La Fontaine
l'a enrichie d'une de ses créations vraiment originales : une
mélodie verbale d'une souplesse infiniment renouvelée qui
stylise les traits familiers sans diminuer leur saveur, qui traduit avec une heureuse transparence les délicates nuances de
l'observation concrète et de la sensibilité, dont la force même
toujours demeure imprégnée de grâce, telle l'admirable pro-
gression par où s'achève *le Songe d'un habitant du Mogol*,
nous livrant l'adieu du poète au monde dans le rappel de sa
plus intime volupté :

> *Solitude où je trouve une douceur secrète...*
> *Quand le moment viendra d'aller trouver les morts,*
> *J'aurai vécu sans soins et mourrai sans remords...*

Juge clairvoyant de lui-même, La Fontaine nous est encore
un bon guide pour Racine : le lyrisme que Polyphile cultive
sous le couvert du badinage et d'un apparent prosaïsme,
Acante l'introduit au cœur de l'action tragique, au centre
des conflits passionnels. Certes, Racine tient noblement sa
place parmi nos poètes religieux : à preuve, les chœurs d'*Esther*
et d'*Athalie* ou les quatre *Cantiques spirituels* d'une si fluide
perfection. Mais ce que les critiques appellent le « miracle
racinien » a précédé d'un quart de siècle ces effusions nourries
de souvenirs bibliques. Et la rentrée de la poésie sur la scène
avec les égards dus à une princesse faisait partie du programme
que Racine traçait dans la préface de *Bérénice* : « une action
simple, soutenue de la violence des passions, de la beauté des
sentiments et de l'élégance de l'expression ». Or, il n'est point

d'art plus purement littéraire que celui qu'il définit ainsi et
qui tomberait dans l'abstraction s'il n'était constamment
humanisé par la magie du style. Comme le dit Giraudoux,
l'unique méthode de Racine « consiste à utiliser jusqu'à l'extrême les dispositions naturelles d'une culture et d'un langage
à modeler, dès que le talent les caresse, la réalité morale ».

En effet, ce modeste appel à « l'élégance de l'expression »
suppose un acte de foi dans les vertus du langage et dans la
virtuosité de l'artiste. Au temps des querelles sur la poésie
pure, ce fut une mode que d'invoquer certains vers de Racine,
tels que

> *La fille de Minos et de Pasiphaé...*
> *Oui, vous êtes le sang d'Atrée et de Thyeste...*

Notons donc qu'ils ne valent point seulement, comme d'aucuns le prétendaient, par leur belle sonorité : ils ont une signification psychologique par rapport à un personnage déterminé.
De la même façon Agrippine se drape dans la gloire de Ger-
manicus et Athalie se réclame d'Achab et de Jézabel. Ce que
Racine recherche, c'est une complète fusion du sens et de la
musique, de l'image et du sentiment, qu'il s'agisse d'animer
un paysage en rumeur :

> *Voyez tout l'Hellespont blanchissant sous nos rames...*

d'associer l'univers à une passion tyrannique :

> *Dans l'Orient désert quel devint mon ennui !...*

d'ajouter à l'instant réellement vécu le prestige d'une légende :

> *Que le jour recommence et que le jour finisse,*
> *Sans que jamais Titus puisse voir Bérénice...*

Nous lui ferions tort toutefois en nous laissant aveugler par
ces splendeurs. Le même effet d'ample magnificence, il l'obtient sans rien devoir à l'histoire ou à la mythologie dans l'invitation de Pharnace à Monime :

> *Souveraine des mers qui vous doivent porter...*

N'oublions point que Racine s'est formé à l'école des Précieux,
qu'il partageait leur délicieux mauvais goût lorsqu'il écrivait :

> *Brûlé de plus de feux que je n'en allumai*

et qu'après *Andromaque* on relèvera encore maintes traces
de préciosité dans les discours de ses jeunes premiers. Mais,
dans l'ensemble, il eut le courage de rejeter les ornements
superflus comme il excluait de son vocabulaire les termes
rares. Dans ce domaine aussi on est tenté de redire après lui
que « toute l'invention consiste à faire quelque chose de rien »
quand on voit quels mots simples et familiers lui ont suffi
pour immortaliser la détresse de Bérénice

> *Pourquoi m'enviez-vous l'air que vous respirez ?...*

ou la farouche révolte de Clytemnestre :

> *Je verrai les chemins encor tout parfumés*
> *Des fleurs dont sous ses pas on les avait semés.*

En écoutant les aveux de Monime à Xipharès (*Mithridate*,
II, 6) qui ne reconnaît « cette voix inimitable, ce dessin déli-
cat de l'inflexion, ce mode transparent de discourir » que
Valéry a loués si pertinemment chez Racine ?

Qu'il ait su jouer avec toutes les coupes de l'alexandrin,
la comédie des *Plaideurs* le montre, comme les majestueux
exposés d'Agrippine et de Mithridate prouvent qu'il pouvait
rivaliser d'éloquence avec Corneille. Ce qu'il a volontairement
créé pour son instrument personnel, ce fut ce récitatif dont il
enseignait les rythmes à la Champmeslé. Là, chaque tirade
devient un tout harmonieux, ponctué par les « Seigneur »,
les « Madame » et les noms propres qui rappellent dans quelle
atmosphère se déroulent les débats. Dans un pareil tissu mélo-
dique le cri le plus banal prendra une dramatique âpreté
dès qu'il se détachera, tel le « Qui te l'a dit ? » d'Hermione ou
le « Sortez » de Roxane ; on ne remarquera la hardiesse de
certaines alliances de mots (les « honneurs obscurs » de la
légion ou l' « adroite vertu » de Burrhus) qu'au moment où
elles auront déjà touché leur cible. Sur les lèvres de Bérénice,
l'impératif de l'orgueil romain semblera cruelle dérision :

> *Adieu, seigneur. Régnez : je ne vous verrai plus.*

Un vers d'une seule coulée résumera pathétiquement la fausse
humilité d'Andromaque :

> *Et mon fils avec moi n'apprendra qu'à pleurer...*

le sadisme naissant de Néron :

> *J'aimais jusqu'à ses pleurs que je faisais couler...*

l'égarement incestueux de Phèdre :

> *Mes yeux le retrouvaient dans les traits de son père...*

Pourtant ces vers d'une densité définitive ne s'isolent pas plus du dialogue que ne se séparent de l'alexandrin les syllabes que le poète assembla. Poursuivant la comparaison avec le musicien, on dirait volontiers que Racine ne compose point par notes mais par larges accords. Ainsi, unissant l'intelligence la plus lucide à une sensualité artistique quasi infaillible, a-t-il ajouté au poème dramatique un mystérieux rayonnement Phèdre est plus éloignée de nous que n'importe quel auteur d'élégies subjectives ; pourtant il nous laissera indifférent tandis qu'elle nous blessera au plus profond de nous-même quand elle exhalera ce soupir en *i* majeur et mineur :

> *Tout m'afflige, me nuit et conspire à me nuire...*

quand elle murmurera cette plainte d'une suavité défaillante :

> *Ariane, ma sœur ! de quel amour blessée,*
> *Vous mourûtes aux bords où vous fûtes laissée !...*

ou quand elle chuchotera cette vertigineuse incantation :

> *Compagne du péril qu'il vous fallait chercher,*
> *Moi-même devant vous j'aurais voulu marcher ;*
> *Et Phèdre, au labyrinthe avec vous descendue,*
> *Se serait avec vous retrouvée ou perdue...*

La poésie française devra désormais attendre la venue de Nerval et de Baudelaire pour retrouver le pouvoir d'envoûtement que Jean Racine lui avait conféré.

‹ Racine est un bel esprit à qui j'ai appris à faire difficilement des vers faciles › : n'aurait-il rendu que ce service à son ami, Boileau mériterait d'être mentionné dans une histoire de la poésie. Mais ce n'est là qu'une des marques de son influence qui fut considérable. Succès paradoxal, si l'on considère qu'il débuta en insurgé et que la plus grande partie de son œuvre (presque toutes les *Satires* et *Épîtres*, l'*Art poétique*

et les quatre premiers chants du *Lutrin*) avait été écrite avant
qu'il n'atteignît la quarantaine. L'explication est que cet indépendant était devenu l'un des alliés du Roi qui avait goûté
son bon sens et sa franchise. Compte tenu de quelques flat-
teries hyperboliques et inévitables, son attitude resta fort
digne et il usa noblement de son crédit auprès du souverain.
Il encouragea cordialement Racine, il défendit Molière et
La Fontaine. N'exerçait-il pas la fonction essentielle du critique quand il imposait ces écrivains encore discutés et que,
pour leur déblayer le terrain, il exécutait Scudéry et Chapelain, Pradon et l'abbé Cotin ? De la génération de 1660
(Louis XIV y compris) il résumait bien la doctrine quand il
soutenait une espèce de naturalisme esthétique, fondé sur le
culte du « vrai », sur l'amour exclusif de la « raison », sur l'imitation des anciens qui avaient déjà reconnu l'excellence de
ces principes. Ce qu'on peut lui reprocher, c'est d'avoir donné
à ces mots — nature, vérité, raison — le sens un peu étriqué
qui rassure un bourgeois de Paris, et réduit l'enthousiasme
lyrique à la « docte et sainte ivresse » de sa pénible *Ode sur la
prise de Namur*. Ce parti pris lui fit juger Villon sans l'avoir
lu, railler les « idylles gothiques » de Ronsard, endosser les
injustices de Malherbe et méconnaître à son tour Saint-Amant
et Théophile. Lorsqu'on a voulu apprécier son rôle, il est
fatal que les passions des hommes ou des époques aient
d'abord incliné l'un des plateaux d'une balance ainsi chargée.
Mais chaque fois que l'on s'est soucié d'être équitable — tel
fut le cas pour Hugo et Musset après l'effervescence romantique — on a dû convenir que l'action de cette forte personnalité d'honnête homme avait été, somme toute, bienfaisante.

Parce qu'il avait d'un bon Français moyen les limites aussi
bien que les qualités, Nicolas Boileau n'a que trop justifié
ce trait de la *Satire VII* :

> *Souvent j'habille en vers une maligne prose.*

Poète, il l'est pourtant et de deux manières : par la malice
et la verve, en héritier d'Horace ; par le réalisme, en citadin
épris de sa bonne ville. Les satires du *Repas ridicule*, des
Embarras de Paris et des *Femmes*, comme le poème héroï-
comique du *Lutrin*, abondent en tableaux de genre, en impres-

sions, en natures mortes, en prestes esquisses, tel le croquis
d'une coquette en déshabillé :

> *Attends, discret mari, que la belle en cornette*
> *Le soir ait étalé son teint sur la toilette,*
> *Et dans quatre mouchoirs de sa beauté salis*
> *Envoie au blanchisseur ses roses et ses lis.*

La poésie urbaine, Boileau a pris très vite conscience qu'elle
lui assurait une réelle originalité dans un siècle où l'amour
de la grande nature était si répandu ; écoutez-le plutôt vous
glisser, dans une description, sa profession de foi :

> *Paris est pour un riche un pays de cocagne ;*
> *Sans sortir de la ville il trouve la campagne ;*
> *Il peut dans son jardin, tout peuplé d'arbres verts,*
> *Recéler le printemps au milieu des hivers ;*
> *Et, foulant le parfum de ses plantes fleuries,*
> *Aller entretenir ses douces rêveries.*

Celui qui nommera Baudelaire un « Boileau hystérique » déni-
grera moins l'auteur du *Spleen de Paris* qu'il ne rappellera
les droits de Boileau à compter avec Racine parmi les pré-
curseurs d'une forme très civilisée du lyrisme moderne.

A consulter : Emile FAGUET, *Histoire de la Poésie française,
de la Renaissance au Romantisme* ; Paul VALÉRY, Jean
GIRAUDOUX, etc., *Tableau de la Littérature française de
Corneille à Chénier* ; Daniel MORNET, *Histoire de la Littérature française classique* (1660-1700) ; Antoine ADAM, *Histoire de la littérature française au XVIIe siècle*.

Chapitre V

INTERRÈGNE ET RÉVEIL DU LYRISME

Qu'entre l'histoire de la littérature d'un pays et celle de sa
poésie on doive constater parfois une opposition absolue,
l'exemple du XVIIIᵉ siècle français le prouve indiscutablement.
Pour qui étudie le roman et l'essai, le siècle de Montesquieu
et Voltaire, de Rousseau et Diderot, de Marivaux et Laclos
sera peut-être, comme le décrétait Michelet, le Grand Siècle.
Mais tandis que la prose s'enrichit de tant d'œuvres impor-
tantes, la poésie souffre d'une véritable carence. Les versificateurs ne manquent point ; mais les odes de Jean-Baptiste
Rousseau et Lefranc de Pompignan sont aussi dénuées de
lyrisme que les *Saisons* de Saint-Lambert ou les *Jardins* de
Delille ; Louis Racine est aussi loin de son père que Florian
de La Fontaine ; Piron et Lebrun (dit Lebrun-Pindare !) ne
survivent que par quelques épigrammes. Restent les élégants
badinages où Voltaire, mieux inspiré qu'en sa *Henriade*,
continue Chaulieu, « l'Anacréon du Temple », et rappelle
quelquefois Marot. Quant à Malfilâtre, Gilbert et Parny, il
faut beaucoup de bonne volonté pour glaner dans leurs
effusions quelques traits d'un timide pré-romantisme.

En conclurons-nous que La Motte a tué le sentiment poétique en flétrissant le « ridicule des hommes qui ont inventé
un art exprès pour se mettre hors d'état d'exprimer exacte-
ment ce qu'ils voudraient dire » ? Simplement, le besoin de
poésie cherche satisfaction ailleurs que dans la prose rimée.
Il la trouve dans la musique de Couperin et de Rameau comme
dans la peinture de Watteau et dans ces comédies de Marivaux
qui font songer tantôt à Racine et tantôt à Shakespeare sans
cesser d'être originales. Citer *les Folies françaises* et *les Indes
galantes*, *l'Embarquement pour Cythère* et *Arlequin poli par*

l'amour n'est-ce point évoquer un XVIIIᵉ siècle poétique, irré-
ductible à celui de Voltaire et des Encyclopédistes ? Ce dernier,
au reste, n'est pas invulnérable ; sa cuirasse de raison a un
défaut : la sensibilité. Les philosophes auront beau se brouiller
avec Jean-Jacques : Diderot a trop vanté le cœur, la mélancolie, la bonté de la nature pour n'avoir point ouvert les voies
à l'auteur de *la Nouvelle Héloïse* et des *Rêveries d'un promeneur
solitaire*. Quoiqu'il s'encombre souvent d'une éloquence trouble,
c'est bien un flot de lyrisme que libère la baguette du prophète
genevoix. Mais la poésie en vers n'en profite guère, faute
d'hommes : que pèsent Ducis et Lemercier en face de Rousseau
et de Chateaubriand ? Grâce à ces enchanteurs la prose va
garder jusqu'à la Restauration le privilège de dispenser les
émotions poétiques.

Un grand poète avait pourtant paru vers la fin du
XVIIIᵉ siècle ; malheureusement André Chénier (1762-1794)
périt sur l'échafaud le 7 thermidor et son œuvre ne fut éditée
qu'en 1819. Né à Constantinople et se flattant d'être par sa
mère à demi-grec, il était prédisposé à seconder avec enthousiasme le mouvement de « retour à l'antique » qu'avaient
provoqué des archéologues comme le comte de Caylus et des
vulgarisateurs comme l'abbé Barthélemy, qu'avaient encouragé les découvertes d'Herculanum et de Pompéi. Bien que
les romantiques l'aient revendiqué pour leur précurseur, on
ferait tort à Chénier en le déracinant de son époque. Il s'y
rattache, au contraire, par son athéisme, par son culte de la
raison, par un goût du plaisir charnel dont témoignent ses
élégies que Parny aurait approuvées : on dirait volontiers
que, sous la menace de la mort, sa *Jeune Captive* offre la
suprême image de l'érotisme du XVIIIᵉ siècle et le pare d'une
grâce voluptueuse. Et Chénier appartient encore à son temps
par ses projets de vastes poèmes didactiques, *la Superstition*,
l'Amérique et cet *Hermès* dont il a désigné les trois guides :

> Souvent mon vol, armé des ailes de Buffon,
> Franchit avec Lucrèce, au flambeau de Newton,
> La ceinture d'azur sur le globe étendue.

Il ne renie pas non plus cet héritage lorsqu'il compose les
pièces qui assureront sa gloire, telles les églogues de *Néœre*
et de *la Jeune Tarentine*, tel le dialogue bucolique de *la Liberté*.

Mais là il unit, avec une perfection exceptionnelle, au sensua-
lisme du XVIIIᵉ siècle ce paganisme qu'il a retrouvé d'instinct
et qu'il s'assimile par la culture : est-il plus tendre symbole
de cette alliance qu'

> *Une bouche où la rose, où le baiser respire ?*

Son commentaire des *Larmes* de Malherbe prouve que Chénier
avait compris la nécessité de desserrer les cadres trop rigoureux, trop pompeux, de notre prosodie. Gardant au vers la
souplesse dont jouait le Racine des *Plaideurs*, il cherche plus
de variété dans les coupes rythmiques et multiplie les enjam-
bements de vers à vers, de strophe à strophe, comme au début
de *l'Aveugle*, sublime épopée en raccourci :

> *C'est ainsi qu'achevait l'Aveugle en soupirant,*
> *Et près des bois marchait, faible, et sur une pierre*
> *S'asseyait. Trois pasteurs, enfants de cette terre,*
> *Le suivaient, accourus aux abois turbulents*
> *Des molosses, gardiens de leurs troupeaux bêlants.*

Or, le secret de cette aisance, Chénier l'a demandé à ses
modèles antiques. Par là, il est vraiment, profondément,
classique. Il n'est pas moins passionné que Ronsard pour les
chefs-d'œuvre des anciens ; mais il les traite avec la même
liberté dont usait La Fontaine et son *Épître à Lebrun* rejoint
l'*Épître à Huet*. C'est en ce sens qu'il peut s'écrier :

> *Sur des pensers nouveaux faisons des vers antiques.*

Humaniste, nourri d'hellénisme, il s'est si bien approprié
les figures et les métaphores de l'antiquité qu'il crée spontanément des chants qui nous touchent à la fois par leur originalité et par leurs échos lointains :

> *Le toit s'égaie et rit de mille odeurs divines...*
> *Mon âme vagabonde à travers le feuillage*
> *Frémira...*

En savourant telle ébauche abandonnée dans ses papiers ou
l'évocation de *la Flûte* d'une matière si plastique et transpa-
rente :

> *Il façonnait ma lèvre inhabile et peu sûre*
> *A souffler une haleine harmonieuse et pure*

> *Et ses savantes mains prenaient mes jeunes doigts,*
> *Les levaient, les baissaient, recommençaient vingt fois,*
> *Leur enseignant ainsi, quoique faibles encore,*
> *A fermer tour à tour les trous du buis sonore...*

qui n'appliquerait à Chénier ce qu'il dit de son Homère :

> *Il forgeait cette trame irrésistible et fine...*

Avant de le frapper avec une si cruelle ironie (il s'en fallut de deux jours qu'il échappât à la Terreur), le Destin lui ménagea une impérissable revanche posthume : ainsi que l'écrit Maurras, « les *Iambes* de Chénier sont nés au point où l'art consommé multiplie, par les vertus de l'heure, la force du génie et les mouvements de la passion ». Elles vivent dans toutes les mémoires, ces strophes vengeresses, datées de la prison, flétrissant à jamais les pourvoyeurs de la guillotine !

> *Mourir sans vider mon carquois !*
> *Sans percer, sans fouler, sans pétrir dans leur fange*
> *Ces bourreaux barbouilleurs de lois !*
> *Ces vers cadavéreux de la France asservie,*
> *Égorgée ! O mon cher trésor,*
> *O ma plume ! fiel, bile, horreur, Dieux de ma vie !*
> *Par vous seuls je respire encor...*

Sous une forme plus ramassée, les *Iambes* soutiennent la comparaison avec *les Tragiques* et *les Châtiments* parce qu'en cet ouvrage de circonstance la personnalité de Chénier s'est affirmée aussi vigoureusement que celles d'Aubigné et de Hugo. Fidèle jusqu'au bout à ses chers classiques, il a emprunté l'iambe au lyrique Archiloque et l'une des cimes de son ardent réquisitoire reste une invocation à l'île qui « aiguisa le burin » du satirique tout en offrant aux illustres statues la splendeur de son marbre pur :

> *Diamant ceint d'azur, Paros, œil de la Grèce,*
> *De l'onde Égée astre éclatant !...*

A consulter : Emile FAGUET, *XVIIIe siècle* ; Henri POTEZ, *l'Elégie en France avant le romantisme* ; Ferdinand BRUNE-TIÈRE, *Evolution de la poésie lyrique* ; Louis BERTRAND, *Fin du classicisme et le retour à l'antique.*

Chapitre VI

LES CONFLITS ROMANTIQUES

Dans sa *Défense de la Poésie* (1821) Shelley considère Rousseau comme « essentiellement un poète » et l'oppose aux purs raisonneurs, tels que Gibbon et Voltaire. Pourtant, bien que Rousseau eût donné le branle dès le milieu du XVIIIe siècle, nos historiens situent les débuts de « l'époque romantique » en pleine Restauration, vingt ans après la publication des *Ballades lyriques* de Wordsworth et Coleridge comme du premier *Faust* de Gœthe, alors que Keats et Shelley viennent de rejoindre dans la tombe Novalis et Schiller. Après les avoir précédées, la France aurait-elle donc subi un retard, par rapport à l'Allemagne et à l'Angleterre ? De cet apparent décalage Giraudoux propose une explication dans sa conférence sur le centenaire d'*Hernani*. A l'en croire, la Révolution et l'Empire ont vu florir nos vrais romantiques : Restif, Chateaubriand, Chénier, Mme de Staël, Bernardin de Saint-Pierre, Senancour, Benjamin Constant, Joubert. Mais avant que cette « explosion merveilleuse de tourments, d'offres et de plaintes rythmées ou non rythmées » ait pu porter tous ses fruits, « un groupe bruyant et sûr de soi faisait irruption » pour confisquer à son profit la gloire de prédécesseurs dont il ramenait l'ambition révolutionnaire à des querelles de langage.

En effet, tandis que le romantisme européen se définit comme un renouvellement des sources intellectuelles et sentimentales, par la remise en question des anciennes valeurs, par l'investigation métaphysique, par l'exploration du subconscient, le romantisme des hommes de 1830 se réduira souvent à un égoïsme intempérant, agrémenté d'un pittoresque superficiel. Peut-être Chénier (le seul poète que Giraudoux ait pu inscrire sur sa liste des véritables romantiques) aurait-il

joué ici le rôle de médiateur, endigué ces déferlements d'éloquence qui ont fréquemment submergé le lyrisme. Si, comme
le dit Giraudoux, « le romantisme est le panthéisme des
époques civilisées », on retrouvera une goutte de cette essence
dans la *Dernière Élégie* d'Hyacinthe de Latouche (1785-1851),
l'éditeur de Chénier :

> *Vagues parfums, vous êtes son haleine ;*
> *Balancements des flots, ses doux gémissements.*
> *Dans la vapeur qui borde la fontaine*
> *J'ai vu blanchir ses légers vêtements...*

Ce n'en est pas moins à une femme que revient l'honneur
d'avoir fait entendre les premiers accents du romantisme
intime, celui de Sainte-Beuve et de Baudelaire. Marceline
Desbordes-Valmore (1786-1859) n'est pas seulement l'auteur
de poèmes enfantins un peu fades, ni même d'une jolie pièce
d'anthologie comme *les Roses de Saadi*. On lui doit déjà certains modèles de l'élégie moderne, *la Couronne effeuillée* et le
Renoncement où le sentiment humain et le religieux s'accordent
si pathétiquement :

> *Tous mes étonnements sont finis sur la terre,*
> *Tous mes adieux sont faits, l'âme est prête à jaillir*
> *Pour atteindre à ces fruits protégés de mystère*
> *Que la pudique mort a seule osé cueillir.*

Après avoir exalté les joies et les déchirements de l'amour
en des vers qui rappellent les mélodies de Racine, la tendre
Marceline a traduit avec une poignante simplicité les ruptures
et les attentes désolées :

> *D'un ruban signée*
> *Cette chaise est là,*
> *Toute résignée,*
> *Comme me voilà !*

Musicienne ingénue, elle a enseigné à Rimbaud et Verlaine
le charme ambigu du vers de onze syllabes qu'elle emploie
avec un si rare bonheur dans le *Rêve intermittent d'une nuit
triste* :

> *O champs paternels hérissés de charmilles*
> *Où glissent le soir des flots de jeunes filles...*

Avec Stendhal, nous pensons qu'à cette date (1823) le romantisme apparaît bien comme « l'art de présenter aux peuples les œuvres littéraires qui, dans l'état actuel de leurs habitudes et de leurs croyances, sont susceptibles de leur donner le plus de plaisir possible » tandis que le classicisme « leur présente la littérature qui donnait le plus grand plaisir possible à leurs arrière-grands-pères ». Mais il importe alors de noter que la génération de 1820 (terme commode pour englober tous ceux qui débutèrent entre 1820 et 1830) fut moins hardiment révolutionnaire en poésie qu'au théâtre et dans le roman, qu'elle n'a pas renouvelé l'idée de poésie avec la même vigueur qu'elle instaurait une nouvelle conception de l'histoire. En 1856, dans sa fameuse *Réponse à un acte d'accusation*, Hugo revendiquera d'avoir « écrasé les spirales de la périphrase, mis un bonnet rouge au dictionnaire, disloqué ce grand niais d'alexandrin ». En effet, il a lutté contre le langage académique et abstrait des épigones du classicisme, recherché un vocabulaire plus concret et qui reflète plus directement les sensations, varié les coupes dans ses vers comme dans ses longues périodes rythmiques. Pourtant, cette bataille, il la livre seul avec son fidèle Gautier ; Lamartine et Vigny ne s'en inquiètent guère ; Musset n'y participe que par quelques gamineries. Si bien que, pour le vocabulaire et surtout pour la métrique, la poésie ne sera totalement libérée des règles classiques que par les symbolistes, en réaction contre la rigueur parnassienne. Comment donc les romantiques de 1830 ont-ils culbuté le dernier carré classique, séduit les jeunes gens et les femmes, su leur offrir la poésie « susceptible de leur donner le plus de plaisir possible » ? Habilement ils ont fait un tri dans l'héritage de leurs devanciers comme dans l'apport des écrivains étrangers ; négligeant tout ce qui était aspirations audacieuses mais confuses, ils ont choisi, en les colorant chacun de sa propre sensibilité, quelques thèmes assez généraux pour toucher, parmi leurs contemporains, un auditoire étendu dont ils s'instituèrent les guides jusque dans les questions sociales.

A trente ans, Alphonse de Lamartine (1790-1869) publia les *Méditations poétiques* dont le succès fut immédiat et devait être confirmé par les *Nouvelles Méditations* (1823) et les *Harmonies poétiques et religieuses* (1830). Dans les années qui

suivirent il entreprit une vaste épopée sur « la destinée de
l'homme, les phases que l'esprit humain doit parcourir pour
arriver à ses fins par les voies de Dieu » ; mais il n'en réalisa
que deux épisodes : *Jocelyn* et *la Chute d'un Ange.* Déjà les
préoccupations politiques l'absorbaient et ses chefs-d'œuvre,
pour cette époque, sont des poèmes d'orateur, comme l'ode
A Némésis et la *Marseillaise de la Paix.* Après les *Recueille-
ments poétiques* (1839), il ne revint guère à la poésie qu'en de
rares occasions dont la plus glorieuse fut la journée de ven-
danges à Milly où il composa, en 1857, *la Vigne et la Maison* :

> *Cette heure a pour nos sens des impressions douces*
> *Comme des pas muets qui marchent sur des mousses :*
> *C'est l'amère douceur du baiser des adieux.*

« Psalmodies de l'âme » : le sous-titre de cette pièce convient
à toutes celles qui lui valurent la gloire dès ses débuts. En
lisant *le Lac*, *l'Isolement*, *le Vallon*, ses contemporains enten-
daient vraiment les méditations d'une âme sur la brièveté
de l'amour menacé, sur la mélancolie solitaire, sur le refuge
offert par la nature :

> *O temps, suspends ton vol et vous, heures propices,*
>   *Suspendez votre cours !*
> *Laissez-nous savourer les rapides délices*
>   *Des plus beaux de nos jours !...*
> *Un seul être vous manque et tout est dépeuplé...*
> *Mais la nature est là qui t'invite et qui t'aime :*
> *Plonge-toi dans son sein qu'elle t'ouvre toujours...*

Et surtout, dès le premier quatrain de *l'Isolement* :

> *Au sommet de ces monts couronnés de bois sombres,*
> *Le crépuscule encor jette un dernier rayon,*
> *Et le char vaporeux de la reine des ombres*
> *Monte et blanchit déjà les bords de l'horizon...*

un chant s'élevait, à la fois suave et frémissant, qui soutenait
la comparaison avec les sortilèges de Chateaubriand.

Ce chant, c'était la grande nouveauté. Or, il charmait sans
déconcerter, car Lamartine, à bien des égards, continuait les
poètes du XVIIIᵉ siècle. Il ne s'en écartait, pour la technique,

qu'en ses minutes d'inspiration, celles de *l'Automne* et de *Milly* où l'expression se dépouille sous l'ardeur du sentiment :

> *Objets inanimés, avez-vous donc une âme*
> *Qui s'attache à notre âme et la force d'aimer ?*

Si le vers de Sainte-Beuve sur « Lamartine ignorant, qui ne sait que son âme » a pris une valeur de jugement, ce n'est point seulement en rappelant son refus d'être « un homme de lettres », son attitude d'amateur dans laquelle il entre de la pudeur, de l'orgueil et aussi de la paresse. Il n'est que trop vrai que Lamartine improvise souvent, sans bannir les rimes insuffisantes, les périphrases, les incorrections. Sainte-Beuve n'aurait donc nul mérite à signaler ces défaillances s'il n'en indiquait la cause : pour le « chantre ailé qui soupire », l'essentiel fut le problème de l'âme et on a pu l'accuser d'un incurable optimisme, aussi sensible dans la tendre cantilène d'*Ischia* que dans l'appel final de l'émouvant *Crucifix*. Parce qu'il éprouve un intense besoin de confiance et d'harmonie, Lamartine est profondément spiritualiste. C'est pourquoi il dépeint la mort de Socrate comme celle d'un patriarche chrétien, pourquoi il tente de ramener à l'idéalisme le splendide ange déchu qu'apparaît Lord Byron aux yeux de ses admiratrices françaises. On ne le trahirait pas en lui prêtant cette devise : tout ce qui est généreux est nôtre. Son épopée de *Jocelyn*, il la dédie à ψυχή et dans un de ses plus nobles épisodes, l'hymne au travail des *Laboureurs*, il célébrera cette religion sans dogmes,

> *Cette parenté fraternelle*
> *Des enfants dont le père est Dieu.*

En se flattant d'être « le premier qui ait fait descendre la poésie du Parnasse », Lamartine jugeait ainsi ses *Méditations* : « Ce n'était pas un art, c'était un soulagement de mon propre cœur qui se berçait de ses propres anglots. » Une conception si égoïste de la poésie l'aurait exposé à tomber dans le bavardage indiscret s'il n'était défendu par un sentiment très vif de sa dignité. En littérature comme en politique son ambition fut de « siéger au plafond », suprême conciliateur entre les classiques et les romantiques, entre les chrétiens et les agnostiques. S'il avait perdu la foi catholique, il persistait dans ce

« rationalisme chrétien » qu'ont magnifié les hymnes de *la Chute d'un Ange* :

> *Vers celui dont le monde est l'émanation*
> *Tout l'univers créé n'est qu'aspiration...*
> *Le murmure vivant de la nature entière*
> *N'est que l'écho confus d'une immense prière.*

Effusion toute subjective ou interprétation d'un phénomène universel, ce qui chez bien d'autres paraîtrait vague ou arbitraire nous touche, au contraire, chez Lamartine par cette sincérité recueillie, cet accent de dialogue entre son âme et lui-même. Ainsi dans la pastorale de *Jocelyn*, en stylisant les aventures de l'abbé Dumont, nous livre-t-il une parabole, une affectueuse confidence. Ainsi doit-on conclure à sa louange que son âme n'a jamais entendu l'appel d'une autre âme sans lui répondre avec cet élan de tendresse que glorifie le poème intitulé *Un nom* :

> *Des splendeurs de cette âme un reflet me traverse ;*
> *Il transforme en Eden ce morne et froid séjour ;*
> *Le flot mort de mon sang s'accélère et je berce*
> *Des mondes de bonheur sur des vagues d'amour.*

Tandis que Lamartine fixait plusieurs thèmes du romantisme poétique et que *le Lac*, par exemple, sommait Hugo et Musset de composer la *Tristesse d'Olympio* et le *Souvenir*, Alfred de Vigny (1797-1863) révélait à ses contemporains les prestiges du mythe et du symbole. Il revendiquait donc simplement son dû lorsqu'il écrivait en 1829 : « le seul mérite qu'on n'ait jamais disputé à ces compositions, c'est d'avoir devancé en France toutes celles de ce genre, dans lesquelles presque toujours une pensée philosophique est mise en scène, sous une forme épique ou dramatique ». En Moïse et en Éloa il avait bien incarné deux « pensées philosophiques » : la fatale solitude du génie, l'attraction vertigineuse qu'exerce le Mal sur un ange compatissant. De plus, lorsqu'il divisait ses poèmes de jeunesse en trois livres (mystique, antique et moderne), Vigny semblait déjà promettre une *Légende des Siècles*. Il n'en fut rien et seules s'ajoutèrent à cette première gerbe la douzaine de pièces des *Destinées*. Mais dans ces « poèmes philosophiques » le goût du symbole s'affirme partout. Comme il le proclame dans *la Bouteille à la Mer*,

> *Le vrai Dieu, le Dieu fort est le Dieu des idées !*

Rien de plus significatif à cet égard que *la Maison du Berger*: si Vigny emprunte à Chateaubriand l'image de « la hutte roulante d'un berger », ce sera pour y abriter, en une triple série de symboles, sa haine du machinisme, de la « littérature industrielle » (1) et de cette nature qui n'est qu'un « impassible théâtre ».

Tout l'y prédisposait, et d'abord cet orgueil avec lequel il traite des aïeux dont il s'exagérait pourtant la noblesse :

> *Si j'écris leur histoire, ils descendront de moi.*

Héritier de Vauvenargues et non moins déçu que lui par ses expériences d'officier, le soldat désenchanté de *Servitude et Grandeur militaires* accuse la société, dans *Chatterton*, de mépriser ses poètes. Lui-même n'obtient pas les succès qu'il espérait à bon droit ; il rentre dans sa « tour d'ivoire » du Maine-Giraud ; en recevant son successeur à l'Académie, Sandeau confessera que « personne n'a vécu dans la familiarité de M. de Vigny ». Si le paganisme esthétique de Chénier n'avait pas laissé indifférent le chantre de *la Dryade*, il répugnait à l'étalage égotiste des ténors du romantisme et se sentait « empêché par une certaine pudeur au moment de se mettre en scène ». Le pascalien *Journal d'un Poète* atteste qu'il rêva de léguer au monde des œuvres qui, soustraites aux circonstances, conserveraient les suprêmes cristallisations de sa pensée. Mais il ne s'agit nullement chez Vigny d'un système d'entités abstraites ; au contraire, dans ses meilleurs moments, l'émotion sera d'autant plus dense qu'elle aura été longtemps refoulée et le poème ne devra point à une froide impersonnalité sa valeur de symbole universel.

Que son pessimisme ait bien servi Vigny, *le Mont des Oliviers* et *la Mort du Loup* le prouvent autant que *la Colère de Samson* : Dieu se tient « aveugle et sourd » même quand l'implore son

_____

(1) L'expression de *littérature industrielle* fut lancée par Sainte-Beuve, en 1838, dans un article de *la Revue des Deux Mondes* qui eut un **grand retentissement**.

propre fils ; la nature n'est point une mère mais une tombe ; la femme reste un « enfant malade » et perfide. Nous abaisserons-nous à supplier notre Créateur ? Non,

> *Le juste opposera le dédain à l'absence*
> *Et ne répondra plus que par un froid silence*
> *Au silence éternel de la divinité...*

La seule attitude honorable, sans récrimination ni bravade, sera le stoïcisme qu'enseigne *la Mort du Loup*, du fauve que Byron admirait de mourir en silence :

> *Gémir, pleurer, prier est également lâche.*
> *Fais énergiquement ta longue et lourde tâche,*
> *Dans la voie où le Sort a voulu t'appeler.*
> *Puis après, comme moi, souffre et meurs sans parler.*

Gardons-nous pourtant de confondre dignité avec insensibilité ; contre toutes les forces cosmiques qui accablent le roseau pensant, Vigny prend le parti de l'humanité avec une frémissante sympathie :

> *Aimez ce que jamais on ne verra deux fois...*
> *Éva, j'aimerai tout dans les choses créées...*
> *J'aime la majesté des souffrances humaines...*

N'a-t-il pas noté que ce dernier vers résumait le sens de tous ses poèmes philosophiques ? A la même Éva qu'il conjurait de ne le jamais laisser « seul avec la Nature » n'a-t-il pas confié son espoir dans l'avènement du règne de l'Esprit Pur ?

On est tenté néanmoins d'accuser le « Visible Saint-Esprit » qu'il invoquait si ardemment d'avoir été parfois cruel envers son serviteur. En nous répétant ses poèmes, nous sommes souvent arrêtés par des lourdeurs, des gaucheries, de maladroites périphrases ; surtout, il lui arrive trop fréquemment de manquer de souffle et de tourner court au moment où le chant prenait son essor. Avouons que ses réussites tiennent maintes fois en un alexandrin qui se grave dans la mémoire :

> *L'espoir d'arriver tard dans un sauvage lieu...*
> *Les grands pays muets longuement s'étendront...*
> *Il rêvera partout à la chaleur du sein...*
> *Des anges au chaos allaient puiser des mondes...*

Convenons même que certaines de ses plus admirables tirades
sont moins des périodes poétiques que des juxtapositions de
vers harmonieux ; ainsi l'énumération des miracles de Moïse,
la prosopopée de la Nature, l'hymne que le Tentateur murmure
à l'oreille d'Éloa :

> *Je leur donne des nuits qui consolent des jours,*
> *Je suis le Roi secret des secrètes amours...*

Et pourtant, dans son plus pur chef-d'œuvre, dédié à cette
figure d'Éva que son imagination avait sublimée en contraste
avec la Dalila qu'était devenue Marie Dorval, c'est bien à la
voluptueuse subtilité de la musique que Vigny doit d'avoir
pu, sur un rappel de Shakespeare, idéaliser son rêve de
penseur solitaire :

> *Ainsi nous passerons, ne laissant que notre ombre*
> *Sur cette terre ingrate où les morts ont passé ;*
> *Nous nous parlerons d'eux à l'heure où tout est sombre,*
> *Où tu te plais à suivre un chemin effacé,*
> *A rêver, appuyée aux branches incertaines,*
> *Pleurant, comme Diane au bord de ses fontaines,*
> *Ton amour taciturne et toujours menacé.*

Aussi fièrement que Ronsard mais avec un succès plus
durable, Victor Hugo ambitionna d'emplir tout un siècle de
sa présence. Né en 1802, il lui fallut, malgré sa précocité
d' « enfant sublime », faire ses gammes avec les *Odes et Ballades*
et les pittoresques *Orientales* avant de produire son premier
recueil vraiment personnel, les *Feuilles d'Automne* de 1831.
Mais déjà, en y rappelant ses souvenirs d'enfance, il conjurait
le Charlemagne des temps modernes ; dans les *Chants du
Crépuscule* (1835) il avouait son désir d'ajouter « à sa lyre une
corde d'airain » ; avec des pièces comme l'*Ode à la Colonne* et
Napoléon II, il s'annexait Napoléon et grâce à cette rallonge
s'instituait le témoin des gloires impériales. Depuis la préface
de *Cromwell* et le roman de *Notre-Dame de Paris*, il avait pris
la tête des écrivains révolutionnaires ; la bataille d'*Hernani*
et son activité théâtrale jusqu'à la mémorable catastrophe des
Burgraves (1843) ne le confirmèrent · pas moins dans cette
position de chef d'école que les *Voix intérieures* (1837) et
les Rayons et les Ombres (1840). Pendant quelques années, la

politique l'occupe sans l'absorber totalement ; après sa rupture avec Louis-Bonaparte et le coup d'État du 2 décembre,
il devient le plus opiniâtre des proscrits :

> *Et s'il n'en reste qu'un, je serai celui-là.*

Établi à Jersey, puis à Guernesey, le nouveau Prométhée lance
ses *Châtiments* (1853) que suit l'imposant recueil des *Contem-
plations* (1856) dont un quart environ avait été écrit avant
l'exil. Initié à l'occultisme et au spiritisme, dans la solitude
insulaire où l'océan est son confident, il entreprend de composer ce « poème de l'Homme » qu'il annonçait dès la préface
des *Rayons et les Ombres* et de l'élargir en un « poème de l'Être » ;
il commence le triptyque de *la Légende des Siècles, la Fin de
Satan* et *Dieu*. De cette féconde époque datent également le
roman-fleuve des *Misérables* et les allègres *Chansons des rues
et des bois*. Rentré en France à la chute de Napoléon le Petit,
il partage avec ses compatriotes les souffrances de « l'année
terrible », enseigne patriarcalement « l'art d'être grand-père »,
exerce sur notre littérature une souveraineté spirituelle analogue à celle de Voltaire, montre qu'il reste toujours « le Père »
lorsque s'offre quelque digne occasion comme la mort de
Théophile Gautier :

> *Oh ! quel farouche bruit font dans le crépuscule
> Les chênes qu'on abat pour le bûcher d'Hercule !*

En 1885, la mort lui fait tenir sa promesse de « désencombrer
l'horizon » ; mais *la Fin de Satan* et *Dieu* ne paraîtront qu'en
1886 et 1891 pour prolonger jusqu'à la fin du siècle le rayonnement de son grand poète épique.

En reconnaissant cette suprématie on éprouve cependant le
regret que Gide a délicatement traduit dans sa réponse à une
enquête sur le plus grand poète français : « Victor Hugo,
hélas ! » La raison en est que Hugo a gardé du romantisme les
oripeaux les plus factices, qu'il revendique d'être constamment tenu pour un penseur et un mage et que son attitude
théâtrale, en excluant la familiarité, décourage aussi l'affection.
Certes, nous ne mettons pas en doute la sincérité de ses sentiments pour Adèle Foucher ou Juliette Drouet, pour la fille
qui lui fut brutalement ravie, pour la petite fille qui éclaira
sa vieillesse ; nous croyons qu'il a vraiment plaint les malheu-

reux, vraiment eu foi dans le progrès social et un idéal de
fraternité universelle. Mais, derrière ce « moi » qui s'étale sans
retenue, nous n'atteignons que rarement une personnalité
fraternelle ; son esprit reste une scène, un lieu de passage,
justifiant sa propre définition :

> *Mon âme aux mille voix que le Dieu que j'adore*
> *Mit au centre de tout comme un écho sonore.*

Qui n'admirerait, en revanche, l'universalité de cet écho ?
Qu'il s'agisse de thèmes généraux — l'amour, la mort, la
famille, la patrie — ou des aspirations de ses contemporains
hantés par la légende napoléonienne et rêvant d'un monde
où planerait « la liberté dans la lumière », Hugo fut le plus
extraordinaire haut-parleur de son époque. Il est excellent
que tous les écoliers apprennent ces morceaux de bravoure :

> *Oh ! combien de marins, combien de capitaines...*
> *Lorsque l'enfant paraît, le cercle de famille...*
> *Ceux qui pieusement sont morts pour la patrie...*

Ils en seront plus tard encouragés à découvrir les poèmes dans
lesquels Hugo a révélé le secret de sa force, cette communion
avec un univers où « l'humble marguerite » se sent unie au
soleil, ce panthéisme enivré qu'il célébra depuis l'invocation
à Albert Durer jusqu'au prodigieux panorama de *Dieu*, où
la Nature,

> *Sur des Alpes couchée, et montagne comme elles,*
> *Prodigue ses amours, ses lèvres, ses mamelles.*

Plutôt que de chercher en Hugo un ami comme Nerval ou
Baudelaire, il faut l'accepter, lui aussi, comme une force de
la nature. Alors épigrammes et parodies lui deviennent autant
d'hommages. A qui lui reprochait d'ignorer les raffinements
intellectuels, Leconte de Lisle ripostait : « Hugo, bête comme
l'Himalaya. » Lorsque Corbière le nommait « garde national
épique » et « l'homme ceci-tuera-cela », il avouait que nul
poète n'a mieux su orchestrer les lieux-communs, les renouveler par un perpétuel grossissement, par la vision mani-
chéenne du monde qui lui dicta jusque sur son lit de mort
une antithèse :

> *C'est ici le combat du jour et de la nuit.*

Qu'il ait acquis sur le langage une autorité absolue, personne
n'en disconviendra. Il joue avec une égale aisance des mots les
plus familiers et les plus abstraits ; des uns et des autres il
tire à son gré les effets les plus opposés ; à son ordre, les mêmes
termes se font vagues ou précis, simples ou solennels, pittoresques ou énigmatiques. Son infaillible maîtrise du vocabulaire est encore accrue par sa virtuosité dans le maniement
des rythmes. Sa royauté en ce domaine, il ne la doit pas uni-
quement à ses dons naturels de grand visuel ; il n'a cessé de
la mériter par un effort quotidien. Car Hugo fut un travailleur
infatigable, un patient ouvrier de la parole ; quand on a écrit
les Djinns à vingt-six ans, on peut se permettre, trente ans
après, tel coup d'état géographique :

> *Tout reposait dans Ur et dans Jérimadeth...*

A brasser ainsi les mots, à en exprimer les sucs et les parfums,
il lui est advenu de s'en griser, de fonder leur omnipotence
sur un énorme calembour :

> *Car le mot c'est le Verbe, et le Verbe c'est Dieu.*

Mais il se faisait aussi de leur pouvoir une conception plus
subtilement poétique quand il déclarait d'un ton recueilli que

> *Les mots sont les passants mystérieux de l'âme.*

De là ses triomphes dans le monologue, qu'il empile inlassablement les invectives des *Châtiments* ou prête des tirades hugo-
liennes aux hôtes des tables tournantes, qu'il souffle à Charles-
Quint une réplique de la méditation d'Auguste ou trois mille
vers sentencieux à un Ane philosophe, qu'il gonfle de sa
verve truculente les discours du picaresque Don César, d'Harou
le faraud ou du preux Roland :

> *Fils, cent maravédis valent-ils une piastre ?*
> *Cent lampions sont-ils plus farouches qu'un astre ?*
> *Combien de poux faut-il pour manger un lion ?*

Si Hugo en arrive quelquefois à se pasticher lui-même,
c'est qu'il remplit sa fonction d'écho pour la technique comme
pour la sensibilité. Le chantre d'*Éloa* suggérait l'idée d'une
épopée discontinue ; le poète des *Méditations* décrivait *la
Chute d'un Ange* ; Hugo riposte à Vigny par *la Légende des*

Siècles, à Lamartine par de vastes méditations comme *Ce que dit la bouche d'ombre*, à ses deux rivaux par *la Fin de Satan* où, suivant le mot de Denis Saurat, il transforme un mythe sexuel en mythe métaphysique. A peine Sainte-Beuve a-t-il réhabilité l'élégie familière que Hugo le surclasse par ce poème de fastueuse intimité :

> *C'était une humble église au cintre surbaissé,*
> *L'église où nous entrâmes...*

Baudelaire ne lui aura pas plutôt révélé « un frisson nouveau » que l'on discernera dans certaines de ses mélodies des dissonances baudelairiennes. Bien mieux, il est tellement accordé à son époque qu'il en devine les tendances encore informulées ; avant les Goncourt et Verlaine, il pressent le retour à Watteau ; dès 1842, il donne, dans *la Fête chez Thérèse*, la plus exquise des « fêtes galantes » :

> *L'amante s'en alla dans l'ombre avec l'amant ;*
> *Et, troublés comme on l'est en songe, vaguement,*
> *Ils sentaient par degrés se mêler à leur âme,*
> *A leurs discours secrets, à leurs regards de flamme,*
> *A leur cœur, à leurs sens, à leur molle raison,*
> *Le clair de lune bleu qui baignait l'horizon.*

Pour passionné que soit son culte des mots, il trouve une contrepartie dans cette faculté dont sa *Pente de la Rêverie* décrivait, dès 1830, le travail : une imagination qui excelle également à saisir le détail concret, puis à le déformer ou l'amplifier. A travers toute son œuvre reparaissent des gestes, des formes, des contrastes qu'il accueille toujours avec l'émerveillement d'un primitif. Avec une certaine crainte aussi qui lui dicte cet avertissement : « Il faut que le songeur soit plus fort que le songe. Autrement danger. » Visiblement il a redouté d'être débordé par les fantômes qui peuplaient sa solitude ; il a discipliné cette turbulente cohue en artiste qui refuse de s'engager dans une voie dont l'issue peut-être serait la folie. Les images, il les utilise avec la même maîtrise pour hausser à l'épopée les récits anecdotiques d'*Aymerillot* et du *Mariage de Roland*, pour conjurer l'apparition surnaturelle de *Stella* et la mort du Soleil sous les yeux de l'Archange rebelle, pour élargir un poème en ouvrant à l'aventure humaine le prolon-

gement dans l'infini qu'offre le final de *Booz endormi*. Pour cette
imagination de visionnaire il n'est rien de plus spontané que
le passage de la description au symbole, tel qu'il s'accomplit
harmonieusement dans *Mazeppa*, *la Vache* et *la Saison des
Semailles*. Aux points culminants des amples orchestrations
d'*Olympio* et de *Villequier*, c'est aux images que Hugo deman-
dera d'exprimer une implacable certitude et de suggérer un
poignant mystère :

> *Toutes les passions s'éloignent avec l'âge,*
> *L'une emportant son masque et l'autre son couteau,*
> *Comme un essaim chantant d'histrions en voyage*
> *Dont le groupe décroît derrière le coteau...*
> *Dans vos cieux, au delà de la sphère des nues,*
> *Au fond de cet azur immobile et dormant,*
> *Peut-être faites-vous des choses inconnues*
> *Où la douleur de l'homme entre comme élément.*

Parce que les mots lui obéissent pour traduire les images
qui foisonnent en son esprit, Hugo sait faire jouer toutes les
ressources mélodieuses de notre langue, qu'il transpose le
Cantique des Cantiques en un *Cantique de Bethphagé*, qu'il
rivalise dans *Eviradnus* avec la musique elle-même, qu'il
sertisse dans le poème ces purs joyaux :

> *L'éden pudique et nu s'éveillait mollement...*
> *Le pâtre promontoire au chapeau de nuées...*
> *De son dos monstrueux poussant leurs gonds tournants*
> *Le déluge fermait ses invisibles portes...*
> *Et que je te sens froide en te touchant, ô mort,*
> > *Noir verrou de la porte humaine !...*

Sans doute y a-t-il du déchet dans cette œuvre qu'il voulut
soumise aux « quatre vents de l'esprit » ; mais ce qui demeure
inaltéré suffit à sa gloire, non seulement par l'abondance
mais par la diversité. Que autre aurait pu, dans un seul
recueil, faire voisiner le tableau vengeur de *la Nuit du 4* avec
le lyrisme du *Manteau impérial* et la fresque épique de *l'Ex-
piation* ? Il est facile d'être injuste pour Hugo et nous avons
tous cédé à cette tentation ; il est plus difficile de relire *Booz
endormi* et le *Petit Roi de Galice*, *la Rose de l'Infante* et *le
Cimetière d'Eylau*, *les Pauvres Gens* et le prodigieux *Satyre*

sans ratifier le jugement de Baudelaire : « Victor Hugo est un génie sans frontières. »

La persévérance de bon ouvrier qui soutint ce génie est la vertu qui manqua le plus chez Alfred de Musset (1810-1857). Ce fut un éblouissement que de voir surgir, en 1828, dans le Cénacle, ce bel adolescent, cet amoureux de l'amour qui témoignait des dons les plus éclatants. Il les prodiguait avec une impertinence aristocratique dans les jongleries de la *Ballade à la Lune* ; il étalait dans *Mardoche* et *Namouna* un savoureux mélange de gaminerie et de dandysme byronien. « Ce qu'il faut au poète, c'est l'émotion », disait-il, en tirant cette dangereuse conclusion que l'improvisation peut être une méthode de travail. Aussi quel gaspillage, quel amas d'apostrophes déclamatoires dans son *Rolla* où pourtant il jette un lumineux trait d'union entre Chénier et Mallarmé :

> *Regrettez-vous le temps où les Nymphes lascives*
> *Ondoyaient au soleil parmi les fleurs des eaux*
> *Et d'un éclat de rire agaçaient sur les rives*
> *Les Faunes indolents couchés dans les roseaux ?*

L'épreuve que sollicitait ce prince de la jeunesse ne tarda point à fondre sur lui : en 1833, survint la rencontre avec George Sand que suivit la tragédie des Amants de Venise. Elle lui inspira les *Nuits*, l'*Espoir en Dieu*, le *Souvenir*, ses pièces les plus célèbres, poèmes d'un tissu fort inégal où la sincérité ne compense pas les négligences et les chevilles, poèmes encombrés de rhétorique, de symboles douteux comme celui du pélican, d'aphorismes discutables tel le fameux :

> *Les chants désespérés sont les chants les plus beaux,*
> *Et j'en sais d'immortels qui sont de purs sanglots.*

Plutôt que dans les appels doloristes et les invocations hasardeuses, l'originalité des *Nuits* réside dans le drame d'une dissociation de la personnalité que Musset a si bien traduite pour l'avoir ressentie profondément. Car il était vraiment un être double. En lui cohabitaient un « enfant du siècle » qui exaspérait ses souffrances pour s'en parer impudiquement et un Parisien spirituel, héritier de nos classiques, narquois ami de Régnier et de Molière, se plaisant à dégonfler les baudruches romantiques dans son *Dupuis et Cotonnet*. Chantre

de l'amour, il n'était pas moins divisé entre la passion et le
libertinage. Comment s'étonner qu'il se soit vite épuisé dans
cette lutte et que tout l'essentiel de son œuvre soit enclos
entre sa vingtième et sa trentième années ? Aussi les lecteurs
qu'auront lassés les intempérantes proclamations du « grand
Musset » chercheront-ils de plus en plus le vrai Musset dans
les effusions d'une émouvante simplicité :

> J'ai perdu ma force et ma vie
> Et mes amis et ma gaieté...
> L'heure de ma mort depuis dix-huit mois
> De tous les côtés sonne à mes oreilles...

dans les poèmes de conversation dont le modèle est la rêverie
(Une Soirée perdue) sur un distique de Chénier, dans les gra-
cieuses chansons de Barberine et du Chandelier. Évoquer ces
dernières, n'est-ce pas rappeler l'indiscutable primauté de son
théâtre ? Par un bienfaisant paradoxe l'auteur du Spectacle
dans un fauteuil a réalisé sur la scène l'union de ses maîtres
les plus chers :

> Racine, rencontrant Shakespeare sur ma table,
> S'endort près de Boileau qui leur a pardonné.

Bien mieux, l'enchantement lyrique qu'il remplace trop souvent dans ses vers par des développements oratoires, il réussit
à le créer ici et à le maintenir par la capricieuse ironie de
Fantasio, en mêlant l'émotion juvénile et la verve comique
dans Il ne faut jurer de rien et On ne badine pas avec l'amour,
en incarnant sa dualité dans les deux héros des Caprices de
Marianne, en nourrissant de ses complexités réelles et imagi-
naires le protagoniste de Lorenzaccio, la seule pièce où le
romantisme français ait retrouvé les rythmes et l'ampleur du
drame élisabéthain.

Oserions-nous encore saluer en Théophile Gautier (1811-
1872) le « poète impeccable » et le « parfait magicien ès lettres
françaises » que glorifia la dédicace des Fleurs du Mal ? A
tout le moins, il complète savoureusement le quintette des
princes romantiques, ce rapin qui, sorti de l'atelier du peintre
Rioult, se targua d'être, parmi les Jeune France, la « terreur
du bourgeois glabre et chauve », gagna son pain quotidien
comme critique d'art et critique dramatique, demeura jus-

qu'au bout « un homme pour qui le monde visible existe ».
Sitôt qu'il eut jeté sa gourme avec le romantisme flamboyant
et oratoire d'*Albertus* et de *la Comédie de la Mort* il s'affirma
un pur visuel qui concevait la poésie comme une peinture.
Pour Gautier, non seulement tout paysage s'organise en un
tableau, mais chacune de ces compositions est dans le style
d'un maître célèbre ; la nature lui offre une galerie de primitifs
allemands, de Watteau, de Ribera. Lui-même travaille sur
un motif, que ce soit *Fumée* ou *Noël ;* il assemble dans les
Hirondelles une série d'esquisses comme il insère une suite
d'estampes dans son roman du *Capitaine Fracasse.* Et il nous
invite à la comparaison en citant ses références : Raffet pour
les Vieux de la Vieille, Goya et Piranèse pour le décor où
danse Inès de Las Sierras. Aussi a-t-on souvent envie de
répéter ce qu'il dit du « Téniers » qu'il se plut à peindre au
début de son *Albertus :*

> *Il ne manque vraiment au tableau que le cadre*
> *Avec le clou pour l'accrocher...*

Son goût naturel affiné par la fréquentation des chefs-
d'œuvre, le poète d'*España* et de *Niobé* méprisa vite le bric-à-
brac des premiers romantiques ; il se voua aux ingénieuses
« transpositions d'art », du *Pastel* aux *Études de mains* et
à la *Symphonie en Blanc majeur.* Modestement il avertit que le
titre d'*Émaux et Camées* exprime son « dessein de traiter
sous forme restreinte de petits sujets » ; mais il ne fait qu'obéir
à son tempérament en pratiquant cette littérature impersonnel-
nelle, lui qui a, de son propre aveu, « toujours préféré la statue
à la femme et le marbre à la chair ». Pour ce visuel, rien ne
compte et ne dure que la beauté de la forme :

> *Tout passe. — L'art robuste*
> *Seul a l'éternité.*
> *Le buste*
> *Survit à la cité.*

En conséquence il souhaite le retour des « temps heureux de
l'Art païen » pour recouvrir d'un « paros étincelant » tous ces
« squelettes gothiques » que le christianisme entrechoque per-
versement dans la danse macabre. Le bon Théo prêche l'art
pour l'art, celui dont les créations, justifiées par leur seule

beauté, ne relèvent ni de la morale, ni de la philosophie, ni
de l'actualité. De même que Gœthe composa *le Divan* au bruit
du canon, ainsi, déclare Gautier,

> *Sans prendre garde à l'ouragan*
> *Qui fouettait mes vitres fermées,*
> *Moi, j'ai fait* Émaux et Camées.

On comprend sans peine qu'il ait été un précurseur des Parnassiens impassibles par son réalisme et son objectivité artis-
tiques, de Verlaine et Mallarmé par des fusées de poésie comme
cette strophe du *Carnaval de Venise* :

> *A l'air qui jase d'un ton bouffe*
> *Et secoue au vent ses grelots*
> *Un regret, ramier qu'on étouffe,*
> *Par instants mêle ses sanglots.*

On conçoit également que Baudelaire, encouragé par un tel
exemple, ait un peu grossi sa louange (1). Somme toute, par son
action personnelle autant que par ses ouvrages, ce fidèle
lieutenant de Hugo, ce savant connaisseur de la langue française, ce probe artisan que les corvées du journalisme n'ont
pu avilir, garde une place enviable dans l'histoire de la poésie.

La prestigieuse constellation des romantiques a offusqué
les étoiles de moindre grandeur. Tant pis pour Casimir Dela-
vigne car le succès des *Messéniennes* ne s'explique que par les
circonstances ! Mais le chansonnier Béranger ne mérite pas
plus le discrédit où il est tombé que la gloire tapageuse dont
il a joui de son vivant. Et l'on s'en voudrait d'oublier Auguste
Barbier et Auguste Brizeux, qui furent des novateurs en 1831,
le premier par la fougue colorée de ses iambes dans *l'Idole* et
la Curée, le second par la rustique fraîcheur de l'idylle bretonne
de *Marie*. Du naufrage de Pétrus Borel, le Lycanthrope, il
faut sauver le prologue de *Madame Putiphar* dont Baudelaire
louait la « sonorité si éclatante ». A plus forte raison compte-
rons-nous parmi les expressions originales du romantisme cer-

---

(1) Avouons toutefois que Jacques Crépet, dans son édition critique des *Fleurs du Mal* (1942), a nettement établi l'importance de
la dette de Baudelaire envers Gautier.

taines « pages souffreteuses » d'Aloysius Bertrand (1807-1841).
Certes, en combinant ces « fantaisies à la manière de Rembrandt et de Callot », celui qui se comparait à « un aiglon
avorté » demeura trop souvent esclave de son imagination
plastique ; dans ses résurrections de la vie médiévale et des
mystères du vieux Dijon, il se laissa trop séduire par le pittoresque du détail. Pourtant l'auteur de *Gaspard de la Nuit*
(1836), s'il n'a point précisément créé le poème en prose, lui
a donné sa forme artistique, l'a enrichi de plusieurs chefs-
d'œuvre dans *les Silves* et *la Nuit et ses Prestiges*. A l'honneur
d'avoir inspiré *le Spleen de Paris*, Aloysius Bertrand joint
celui d'avoir fait entendre pour la première fois dans notre
littérature des voix mystérieuses, les railleuses mélodies du
nain Scarbo, les caressantes incantations d'Ondine :

« *Chaque flot est un ondin qui nage dans le courant, chaque
courant est un sentier qui serpente vers mon palais, et mon
palais est bâti fluide, au fond du lac, dans le triangle du feu,
de la terre et de l'air...* »

Maurice de Guérin (1810-1839) ne nous offre pas seulement
les débats d'un chrétien sincère et d'un « rêveur inquiet »,
d'un jeune homme ramassant avec modestie « les miettes qui
tombent de la table de M. Féli » et d'un esprit ombrageux qui,
« enfin sevré de M. de La Mennais », ne se remettra plus « de
l'école de qui que ce soit ». Avec son éternel mécontentement
de soi-même, il a vécu l'un des plus tragiques conflits du
romantisme. Car il pouvait prendre à son compte les paroles
qu'il prête au berger Glaucus :

> *Comme un fruit suspendu dans l'ombre du feuillage,*
> *Mon destin s'est formé dans l'épaisseur des bois.*

Là, il a éprouvé « un repos inconnu si suave et si plein » ; là,
il s'est replongé dans « ce flux et ce reflux de la vie universelle »
que décrit sa méditation sur la mort de Mme de La Morvon
nais. Il n'a donc plus cessé de réclamer, comme la suprême
volupté mortelle, « ce contact de la nature et de l'âme », de
l'âme contemplative qu'il nommait un « miroir divin ». Aussi
a-t-il atrocement souffert chaque fois qu'il se sentit « retranché
de cette participation », rejeté à la solitude et aux angoisses
de l'analyse corrosive. Mais si ses lettres dépeignent la douleur
d'un « resserrement subit de l'être après une extrême dilata-

tion », il a magnifiquement traduit les joies de cette communion avec la vie universelle dans deux poèmes en prose d'inspiration dionysiaque : le splendide *Centaure* où s'exaltent
aussi bien les extases paniques que le trouble d'un être « rendu
à l'existence distincte et pleine » ; *la Bacchante*, hymne ina-
chevé mais où passe le souffle du dieu qui « fait reconnaître
l'enivrement de son haleine à tout ce qui respire ». Un de ses
contemporains appelait Guérin « l'André Chénier du panthéisme » et Sainte-Beuve comparait *le Centaure* à un marbre
antique. A présent que nous voyons mieux quel flot de vie
palpitait sous ce marbre, nous comprenons à quel royaume
de pur lyrisme accéda parfois celui qui écrivait : « il y a pour
moi tel moment où il me semble qu'il ne faudrait que la toucher
du doigt le plus léger pour que mon existence se dissipât ».

C'est que l'aveu de son Glaucus :

> *Et je me livre aux dieux que je ne connais pas !*

nous apparaît aujourd'hui comme une riposte au prudent
conseil de Hugo :

> *Amis, ne creusez pas vos chères rêveries...*

parce que nous savons que Gérard de Nerval (1808-1855)
osa, lui, pleinement conscient du risque, s'aventurer sur le
continent interdit. Il est un des plus purs écrivains français,
lui dont l'adorable *Sylvie* sera la suprême fleur des paysages
du Valois ; il revendique donc tout notre héritage national,
des chansons du folklore aux poèmes de Ronsard et de Maynard que nous félicitons maintenant d'avoir écrit ce vers déjà
nervalien :

> *J'ai montré ma blessure aux deux mers d'Italie...*

En même temps, Gérard, traducteur du *Faust*, se fait chez
nous l'interprète du génie allemand, l'ambassadeur de Gœthe,
d'Hoffmann, de Wagner. Attiré dès son adolescence par les
illuminés à la Swedenborg, un voyage en Orient le persuade
que ces grands initiés n'erraient point en cherchant là-bas
le mot de l'ultime secret. Il en est d'autant plus sûr qu'il
vient de traverser pour la première fois, en 1851, l'épreuve
que le destin lui avait réservée, que lui-même s'était préparé
à subir comme une initiation sacrée. Qui parlerait, en effet,

de ses crises de folie comme d'une dégradation ? Non seulement elles alternent avec de complets retours à ce que nous
appelons la santé mentale ; mais il conserve dans ses délires
l'extraordinaire faculté de dédoublement qui nous vaut *le
Rêve et la Vie.*

Avec une hallucinante lucidité, dans une prose limpide et
musicale, Nerval a décrit les « deux phases » de cette *vita
nuova*, en proclamant dès le début que « le rêve est une seconde
vie » où notre *moi* « sous une autre forme, continue l'œuvre de
l'existence ». Si donc il accepta d'abord sans discuter « l'épanchement du songe dans la vie réelle », il se reprit peu à peu
et l'heure sonna où, dit-il, « j'employai toutes les forces de
ma volonté pour pénétrer encore le mystère dont j'avais levé
quelques voiles ». Par ce progrès il vérifiait la justesse du syn-
crétisme religieux, réconciliant Moïse et Orphée dans le culte
d'une maternelle Isis. Il réalisait le rêve d'amour qu'il avait
poursuivi en cherchant dans la comédienne Aurélia la ressem-
blance de la noble Adrienne ; il retrouvait son Eurydice deux
fois perdue. L'univers lui apparaissait dans l'unité d'une
vivante symphonie : « Des couleurs, des odeurs et des sons,
je voyais ressortir des harmonies jusqu'alors inconnues...
Tout vit, tout agit, tout se correspond ; c'est un réseau transparent qui couvre le monde. » Tous ses pressentiments rece-
vaient donc confirmation ; il ne s'était point trompé en affir-
mant dans ses *Vers dorés*

> Qu'à *la matière même un verbe est attaché,*

en conjurant dans l'exquise *Fantaisie* ses souvenirs d'une vie
antérieure, en évoquant avec une nostalgie baudelairienne
les tendres *Cydalises* :

> *L'éternité profonde*
> *Souriait dans vos yeux...*
> *Flambeaux éteints du monde,*
> *Rallumez-vous aux cieux !*

Il ne lui restait plus qu'une étape à franchir : prendre assez
de confiance dans la magie du langage pour communiquer
directement, en poète et non plus en analyste, les visions de
sa « rêverie super-naturaliste ». Ce pas décisif qui le devait
porter au premier rang des lyriques français, Nerval l'accom-

plit lorsqu'il nous livra, témoignages de sa « descente aux
enfers », les souveraines incantations d'*Artémis* et d'*El
Desdichado* :

> Je suis le ténébreux, — le veuf, — l'inconsolé
> Le prince d'Aquitaine à la tour abolie:
> Ma seule étoile est morte, — et mon luth constellé
> Porte le soleil noir de la Mélancolie.

Pouvait-on renouveler la poésie française sans tomber dans
l'emphase des romantiques officiels, ou courir les risques
qu'un Nerval allait affronter si douloureusement ? C.-A. Sainte-
Beuve (1804-1869) le pensait, dès 1829, quand il publia *Vie,
Poésies et Pensées de Joseph Delorme*. Lamartine, Hugo, Vigny
tenaient le devant de la scène ; il n'avait point, lui, le goût
des grands éclats et n'était satisfait d'un de ses poèmes que
s'il lui pouvait adjoindre un commentaire de critique. Aussi
notait-il déjà que « la couronne de ses rêves » serait « une
gloire poétique comme celle de Goldsmith ou Cowper chez les
modernes, Catulle ou Théocrite chez les anciens ». Ajoutons
à ces maîtres, pour l'inspiration, les Lakistes et surtout
Wordsworth ; pour la technique, Ronsard et Chénier puisque
Sainte-Beuve se proposait de « retremper le vers flasque du
XVIIIe siècle et assouplir le vers un peu roide et systématique
du XVIIe ». Ainsi voyons-nous clairement d'où procéda l'effort qu'il résumait en une formule : « j'ai tâché d'être original
à ma manière, humblement et bourgeoisement ». Cette phrase,
il serait facile de la tourner en épigramme ; disons, plus justement, qu'elle définit et son audace et ses limites.

Son audace, parce que la suite du *Delorme*, des *Consolations*
et des *Pensées d'août*, reflète la plupart des angoisses romantiques et tous les mouvements littéraires de l'époque, constitue
une originale tentative pour « établir un certain genre moyen »,
pour acclimater chez nous ce que Magnin nommait « l'élégie
d'analyse » avec des pièces familières comme *Toujours je la
connus, pensive et sérieuse* ou *Dans l'île Saint-Louis, le long
d'un quai désert*. Or, parmi ces poèmes, nous touchent vraiment ceux que fit jaillir une grande épreuve sentimentale :
le bouleversement qu'éprouva Sainte-Beuve quand il revit
son ancien ami Hugo se traduit de façon poignante dans les

strophes écrites « en revenant du convoi de Gabrielle ». Malheureusement il est rare que cet inquiet se laisse ainsi emporter
par sa passion ou soit capable d'en prolonger l'élan dans son
âme ; le plus souvent, sa poésie est aussi composite qu'il est
lui-même compliqué. D'Homère à Coleridge, qui n'est mis à
contribution par cet infatigable marqueteur ? Combien de
fois sa muse pédestre, en cherchant la simplicité, tombe-t-elle
dans un prosaïsme qui annonce les platitudes de Coppée !
Cependant, quelles que soient ses défaillances, Sainte-Beuve
a frayé un sentier que Baudelaire devait élargir en route
royale sans jamais renier sa dette envers son « cher protecteur »,
poète parisien et maître de « l'élégie analytique ». Baudelaire
admire les contrastes de *la Veillée*, l'allégorie chrétienne du
Cabriolet de place ; il se déclare « l'amoureux incorrigible des
Rayons jaunes » où Delorme tissait déjà un réseau de correspondances. Chez Sainte-Beuve il ne goûte pas seulement de
beaux vers isolés :

> *Moi, j'aime en deux beaux yeux un sourire un peu louche...*
> *Souvent un grand désir de choses inconnues...*

il y trouve déjà une lyrique et rigoureuse apologie des grands
poètes :

> *Ces mortels ont des nuits brillantes et sans voiles ;*
> *Ils comprennent les flots, entendent les étoiles,*
> *Savent les noms des fleurs et pour eux l'univers*
> *N'est qu'une seule idée en symboles divers.*

Le critique Sainte-Beuve se trompait lourdement quand il
réduisait l'œuvre de son ami à une coquette « folie » érigée à
l'extrême pointe du Kamtchatka romantique ; le poète Sainte-
Beuve était plus clairvoyant lorsqu'il réclamait son dû et
insinuait : « *Joseph Delorme*, c'est *les Fleurs du Mal* de la veille. »
Car tout ce que Sainte-Beuve avait essayé de créer ou de
rénover — le croquis urbain, l'élégie musicalisée, la méditation
confidentielle, le sonnet où se grave une impression fugitive —
Charles Baudelaire (1821-1867) l'accomplit souverainement
avec *Crépuscule du Matin, Chant d'Automne, Recueillement*

et *A une passante*. C'est qu'il avait intensément vécu tous les conflits du romantisme, lui qui avait « cultivé son hystérie avec jouissance et terreur », résorbant toutes les antithèses verbales dans l'opposition fondamentale de *la Charogne* :

> *Alors, ô ma beauté ! dites à la vermine*
> *Qui vous mangera de baisers,*
> *Que j'ai gardé la forme et l'essence divine*
> *De mes amours décomposés.*

Mais alors que ses devanciers exhalaient leurs inquiétudes en de fastueux monologues, Baudelaire tourne le dos au théâtre et s'adresse au « confessionnal du cœur ». Là, il scrute son royaume intime que se partagent tragiquement l'ennui et une aspiration idéale. Penché sur ce miroir qui lui renvoie l'image de « la conscience dans le mal », il s'interroge sur l'*homo duplex*, sur la justification métaphysique d'une telle énigme ; ses journaux intimes prouvent qu'il ne désarma point, même lorsqu'il sentit « le vent de l'aile de l'imbécilité » frôler son cerveau que ni le guignon, ni le remords, ni le satanisme de parade, ni l'hérésie didactique n'avaient détourné de sa mission :

> *Anges revêtus d'or, de pourpre et d'hyacinthe,*
> *O vous, soyez témoins que j'ai fait mon devoir*
> *Comme un parfait chimiste et comme une âme sainte.*

Qu'entend-il par là sinon qu'il n'a cessé de travailler au perfectionnement de son esprit ? Les articles de l'*Art romantique* et des *Curiosités esthétiques* attestent la force de ses facultés critiques. Avec la même lucidité il sonde les abîmes de la vie intérieure : comme Pascal, il n'y voit qu'ordure et corruption ; rien de grand ne s'y accomplit qu'au prix d'un retournement. Chimère que l'idée de « l'homme naturellement bon » ! La nature elle-même est ignoble ; l'univers resterait inexplicable si nous ne possédions la clef dont Joseph de Maistre a montré l'efficacité : la révélation du péché originel. A la lueur de cette vérité tout s'éclaire : la croisière humaine est une navigation à contre-courant puisque « tout ce qui est beau et noble est le résultat de la raison et du calcul ». Englués

dans les hontes du fini, nous ne valons que par nos postula-
tions vers l'infini :

> *Car c'est vraiment, Seigneur, le meilleur témoignage*
> *Que nous puissions donner de notre dignité*
> *Que cet ardent sanglot qui roule d'âge en âge*
> *Et vient mourir au bord de votre éternité.*

Aussi le catholicisme du poète Baudelaire serait-il demeuré
inefficace s'il n'avait salué en la raison « notre véritable
rédemptrice », proclamé « la rationalité du génie » et réhabilité
les prosodies classiques.

De même qu'il s'est détourné d'un monde « où l'action n'est
pas la sœur du rêve » pour se réfugier dans des paradis arti-
ficiels, ainsi suspecte-t-il la femme qui « est naturelle, c'est-à-
dire abominable ». Trop profondément sensuel néanmoins pour
abjurer son culte de la Beauté, il se la représente parfois sous
l'aspect d'une statue impassible ; mais, le plus souvent, son
érotisme en exigera des raffinements pervers. Ici encore, il
lutte contre la nature lorsqu'il célèbre en stances raciniennes
les obscurs plaisirs des Femmes damnées. A ses yeux, la femme
n'est que l'instrument destiné à « pétrir un génie », que ce soit
par la cruauté de la mère et de l'épouse qu'il flétrit dans
Bénédiction, par l'onduleuse lascivité de la Vénus noire, par
la transsubstantiation que son imagination impose à la « chair
spirituelle » de la Présidente. Car le souhait désespéré sur lequel
s'achève le *Voyage à Cythère* :

> *Ah ! Seigneur ! donnez-moi la force et le courage*
> *De contempler mon cœur et mon corps sans dégoût !*

ne saurait être exaucé que dans les minutes d'extase où le
poète peut s'écrier :

> *O métamorphose mystique*
> *De tous mes sens fondus en un.*

A cette tragédie des âmes la nature n'offre qu'un piètre
décor. Au mieux, Baudelaire la traitera comme un lieu d'éva-
sion, le « vert paradis des amours enfantines » qui l'obsède
depuis son voyage à l'île Maurice. Il n'est pourtant point
dupe de ce mirage ; il proteste

> *Que les vrais voyageurs sont ceux-là seuls qui partent*
> *Pour partir...*

et volontairement se précipitent

> *Au fond de l'Inconnu pour trouver du* nouveau.

Aussi l'exotisme du chantre de *l'Invitation au Voyage* s'épa-
nouira-t-il dans un logis cossu de Rotterdam où « tout n'est
qu'ordre et beauté, luxe, calme et volupté », où les vaisseaux
vagabonds apportent du bout du monde les senteurs de l'ambre
et des épices. Mais ces sensations, ces émotions, ces idées qui
sont le pain spirituel du poète ne viennent-elles pas confluer
dans la monstrueuse, l'adorable Cité qui se dresse aux bords
de la Seine ? Si vous en doutez, relisez les poèmes en prose du
Spleen de Paris dont Baudelaire disait que « c'est encore *les
Fleurs du Mal*, mais avec beaucoup plus de liberté, et de détail,
et de raillerie ». Et rendez au deux volumes le titre primitif
des *Fleurs du Mal* ; voyez en eux le poème des « Limbes »,
le quatrième volet dont tout observateur de la vie moderne
a souhaité d'enrichir *la Divine Comédie*.

« Dans ce livre atroce j'ai mis tout mon cœur », avouait
douloureusement Baudelaire. Et dans cet ouvrage qui « partait
d'une idée catholique » nous reconnaissons, en effet, le « témoignage de son dégoût et de sa haine de toutes choses ». Mais
la voix de l'Ange destructeur n'est pas la seule que l'on entende
dans ce chef-d'œuvre. Baudelaire nous y a livré les plus intimes
méditations, des suaves cristallisations de l'*Harmonie du Soir*
aux pacifiantes évocations d'une *Vie antérieure*. Il y a justifié
sa croyance que « le génie, c'est l'enfance nettement formulée ».
Chrétiens ou platoniciens, il nous rappelle que la terre est
« une correspondance du ciel », que les yeux mortels sont seulement les « miroirs obscurcis et plaintifs » d'une splendeur
primitive et qu'enfin

> *La Nature est un temple où de vivants piliers*
> *Laissent parfois sortir de confuses paroles ;*
> *L'homme y passe à travers des forêts de symboles*
> *Qui l'observent avec des regards familiers.*

Or, le sentiment de cette unité, il nous appartient de le
reconquérir. « Dans certains états de l'âme presque surnaturels,
disait-il, la profondeur de la vie se révèle tout entière dans le
spectacle, si ordinaire soit-il, qu'on a sous les yeux. Il en
devient le symbole. » Ce qui est exceptionnel, ce n'est point

l'événement, c'est notre aptitude à l'interpréter : à nous de comprendre que la mort des amants n'est qu'une feinte, un simulacre avant la résurrection. Aussi le poète ne craindra-t-il pas d'être accusé de prosaïsme dans le choix de ses sujets. Encouragé par la rencontre d'Edgar Poe et de Wagner, Baudelaire est convaincu que la puissance de sa « sorcellerie évocatoire » réside, par delà l'expression, dans la suggestion musicale. En même temps, il pense avec Delacroix qu'il « n'y a pas de hasard dans l'art » et que « toute œuvre d'art est un pari ». Soumettant la somme de ses tourments romantiques à une stricte discipline d'artiste classique, se haussant sur la crête d'où descendent les deux versants de la poésie française, Baudelaire nous lègue avec *le Balcon* le premier modèle de poésie pure. Ainsi a-t-il tenu son engagement de se faire à la fois « magnétiseur et somnambule ». Ainsi peut-il légitimement, au terme de son alchimie lyrique, lancer au monde moderne ce **cri** triomphal :

> *Tu m'as donné ta boue et j'en ai fait de l'or !*

A **consulter** : Albert Thibaudet, *Histoire de la Littérature française de 1789 à nos jours* ; Fernand Gregh, *Portrait de la poésie française au XIX*e *siècle* ; Albert Béguin, *l'Ame romantique et le Rêve* ; René Lalou, *Vers une alchimie lyrique* ; « Les petits romantiques français », numéro spécial des *Cahiers du Sud* ; Jean-Paul Sartre, *Baudelaire*.

CHAPITRE VII

LE PARNASSE ET LE SYMBOLISME

Que nos classifications demeurent relatives, qu'elles répondent cependant à d'indéniables changements d'orientation, on doit l'accepter allègrement, sans croire que le scepticisme vaille mieux que le pédantisme. Il est certain, par exemple, qu'en publiant les *Poèmes antiques* (1852) et les *Fleurs du Mal* (1857) Leconte de Lisle et Baudelaire sonnent le glas du Romantisme. Il n'est pas moins vrai que, pendant une trentaine d'années, Hugo restera « le Père », si universellement admiré que, suivant le mot de Mallarmé, il mourra persuadé d'avoir « enterré toute poésie pour un siècle ». Or, depuis son retour d'exil, les Parnassiens ont produit leurs ouvrages les plus importants ; en 1885, la parole est aux Symbolistes. Ce qui nous étonne aujourd'hui, c'est même qu'ils l'aient prise si tardivement, que Verlaine et Mallarmé se soient attardés chez les Parnassiens. Car il semble, au premier abord, que le message de Baudelaire ait été compris aussitôt puisque Théodore de Banville (1823-1891) définit la poésie comme « cette sorcellerie grâce à laquelle des idées nous sont nécessairement communiquées, d'une manière certaine, par des mots qui cependant ne les expriment pas ». Ce n'est pourtant qu'une apparence ; dans ses *Odes funambulesques* et ses *Ballades joyeuses*, Banville ressemble trop à son cher clown, avec la rime riche pour tremplin ; en dépit de quelques belles pièces des *Exilés*, il marque finalement une étape sur la route qui descend de Gautier à Rostand. Aussi ne survit-il guère que dans les anthologies avec deux autres représentants d'une époque de transition, l'éloquent et sentencieux Victor de Laprade (1812-1883) et l'ami de Flaubert, ce Louis Bouilhet

(1822-1869) dont tous les misogynes ont répété la fougueuse invective :

> *Tu n'as jamais été dans tes jours les plus rares*
> *Qu'un banal instrument sous mon archet vainqueur,*
> *Et comme un air qui sonne au bois creux des guitares,*
> *J'ai fait chanter mon rêve au vide de ton cœur.*

Non sans malice, Fernand Gregh a noté que *la Colombe*, hommage de Bouilhet à la haute figure de l'Empereur Julien, pourrait passer pour le plus beau poème de Leconte de Lisle (1818-1894). Sans doute le trait le plus original du chef parnassien est-il, en effet, la haine du monde moderne qui impose « je ne sais quelle alliance monstrueuse de la poésie et de l'industrie ». On ne s'étonne pas qu'il dénonce dans le romantisme une « comédie bruyante jouée au profit d'une autolâtrie d'emprunt » ; on l'approuve de ne point s'exhiber parmi les « montreurs » pour mendier les applaudissements de la populace :

> *Je ne te vendrai pas mon ivresse ou mon mal,*
> *Je ne livrerai pas ma vie à tes huées,*
> *Je ne danserai pas sur ton tréteau banal*
> *Avec tes histrions et tes prostituées.*

Mais cette intransigeance le poussa vite à s'isoler dans le pessimisme hiératique dont témoignent tant de ses poèmes, du célèbre *Midi* à l'*Illusion suprême* :

> *Ah ! tout cela, jeunesse, amour, joie et pensée,*
> *Chants de la mer et des forêts, souffles du ciel*
> *Emportant à plein vol l'Espérance insensée,*
> *Qu'est-ce que tout cela qui n'est pas éternel ?*

En trois recueils de poèmes, les *Antiques*, les *Barbares* et les *Tragiques*, il a édifié une contre-*Légende des Siècles* ; il s'efforçait d'y atteindre à « l'impersonnalité et la neutralité », à une étroite union de l'art et de la science. Ne sommes-nous pas tentés de déplorer qu'il ait trop bien réussi ? Car la Beauté qu'il glorifie dans un hymne à la vierge Hypathie est une froide statue, immuablement dressée sur son socle. Nous ne méconnaissons pas les services que Leconte de Lisle rendit à ses contemporains, l'austère leçon de probité artistique dont bénéficièrent ses disciples. Nous admirons la force précise de ses descriptions ; nous honorons en ce peintre des éléphants, du condor, du jaguar, le plus grand animalier de notre poésie. Mais nous regrettons que soient si exceptionnelles dans son œuvre des pièces comme *le Manchy* où le poète de l'île Bourbon dépose son masque d'impassibilité pour confier pudiquement à la musique une incurable nostalgie.

Culte de la forme et pessimisme altier : tels sont bien les deux principes du Parnasse et qui les néglige se fourvoie. A preuve Catulle Mendès (1843-1909) qui avait été l'initiateur du mouvement et lui donna son nom : cet épigone de Banville devait gaspiller son talent en de fastidieuses improvisations. Pour François Coppée (1842-1908), il se gâta très vite et après quelques pastiches de Sainte-Beuve et de Baudelaire, sombra dans la sensiblerie faussement naïve et populaire. Au contraire, Sully Prudhomme (1839-1907), refusa d'abaisser son art ; il rêva de survivre, non comme l'auteur du *Vase brisé*, mais comme le Lucrèce français. Malheureusement il confondit l'inspiration philosophique avec le didactisme moralisateur : l'ambitieuse tentative de *la Justice* et du *Bonheur* se solde en échec devant une postérité qui demande à la poésie d'être une magie, non une suite de raisonnements.

José-Maria de Hérédia (1842-1905) supporte mieux l'épreuve du temps. Peut-être parce qu'il s'installa d'emblée en plein artifice, résumant l'œuvre de son maître chéri comme Leconte de Lisle avait condensé *la Légende des Siècles*. Sans doute l'orfèvre des *Trophées* rappelle-t-il trop l'artiste dont il a dit :

> *Le jeune Cellini, sans rien voir, ciselait*
> *Le combat des Titans au pommeau d'une dague.*

Pourtant ses sonnets sur Hannibal, Antoine ou les Conquistadors sont de précieux émaux et ses images grecques ont parfois une fluide pureté qui n'est pas indigne de Chénier. Compatriote de Leconte de Lisle, Léon Dierx (1838-1912) s'apparente encore à lui par le pessimisme automnal que traduit la noble élégie du *Soir d'Octobre*, par la douloureuse hantise de « l'invisible lien » qui, impitoyablement,

> *Fait refluer sans cesse, avec le long passé,*
> *La séculaire angoisse en notre âme assouvie*
> *Et l'amour du néant malgré tout repoussé.*

Un pas de plus dans cette voie et nous atteignons au terme
logique de l'idéalisme parnassien qu'influença Schopenhauer.
Au Dr Cazalis il appartint, sous le pseudonyme de Jean
Lahor (1840-1909), de dénoncer le néant des apparences et
l'éternelle illusion, de prêter au Bouddha cet aveu trop humain :

> *J'ai vu le vide au fond de tous les noms divins,*
> *Et c'est le vide aussi que je trouve en moi-même...*

Le débraillé sentimental de certains romantiques avait provoqué la violente réaction des Parnassiens. Mais leur prétention à l'objectivité devait fatalement susciter une nouvelle
révolte. En 1867, parmi les collaborateurs du premier *Parnasse
contemporain* (les deux autres séries datent de 1871 et 1876)
figurent Verlaine et Mallarmé ; Verlaine a même lancé une
bruyante profession de foi parnassienne :

> *Pour nous qui ciselons les mots comme des coupes*
> *Et qui faisons des vers émus, très froidement...*

Seulement son recueil de *Poèmes Saturniens* (1866) contenait
déjà *Mon rêve familier* et la *Chanson d'Automne* qui démentent
ce programme d'impassibilité. Quant à Mallarmé, en son exil
de Tournon, il travaille au poème à propos duquel il écrivait,
dès octobre 1864 : « J'ai enfin commencé mon *Hérodiade*.
Avec terreur, car j'invente une langue qui doit nécessairement
jaillir d'une poétique très nouvelle, que je pourrais définir
en ces deux mots : *Peindre non la chose, mais l'effet qu'elle
produit.* » Est-il exagéré de dire que, dès la publication du
premier *Parnasse*, les deux glorieux dissidents se préparaient
à devenir les chefs du Symbolisme ?

Chez les jeunes l'insurrection gronde. En 1868, Isidore
Ducasse (1846-1870) qui s'arroge le titre de comte de Lautréamont fait paraître le début d'un vaste poème en prose :
les Chants de Maldoror. Au premier coup d'œil, cela relève
d'un romantisme exaspéré ; on songe aux rêves d'un malade,
obsédé par les souvenirs de Young, de Byron et d'Ann Rad-
cliffe. Pour accroître la confusion, Lautréamont, dans ses deux
plaquettes de *Poésies* (1870), ridiculise les romantiques et
proclame que « les grandes pensées viennent de la raison ».
Rien d'étonnant si, pendant un demi-siècle, *Maldoror* n'inté-

resse que quelques esprits curieux, séduits par son mélange
de lyrisme et d'ironie grotesque, par l'ampleur et les flexibles
cadences de certaines invocations. Mais, s'il n'a guère touché les
symbolistes, *Maldoror* apportera au surréaliste André Breton
« l'expression d'une révélation totale qui semble excéder les
possibilités humaines ». Sans doute, en effet, nous trompions-
nous quand nous opposions *les Chants* et la « préface à un
livre futur » : il est plus pathétique et plus vraisemblable
d'admettre une continuité dans les démarches de Lautréamont. Ayant d'abord, pour donner toute licence à son imagination, rompu avec la pensée discursive, il pratiquait déjà
une sorte d'écriture automatique lorsqu'il exigeait de ses
phrases un « développement extrêmement rapide » et, comme
le dira Breton, une « accélération vertigineuse ». Qu'il ait
méthodiquement accentué ce divorce d'avec la logique, nous
en sommes assurés par ses corrections au texte primitif ; selon
la remarque d'André Malraux, il remplace toutes les abstractions par des noms d'objets ou d'animaux et son ami Dazet
qui incarnait l'Esprit du Bien y devient « crapaud, poulpe
au regard de soie, acarus sarcopte ». Néanmoins l'expérience
de *Maldoror* le convainc que tous les moyens d'expression nous
trahissent. Alors l'auteur des *Poésies* se retourne contre celui
des *Chants*, lui brise entre les doigts l'instrument dont il
croyait pouvoir jouer ; il fait varier d'un coup de pouce les
sentences les mieux méditées de Pascal et de Vauvenargues.
Si la pensée obéit au langage et que le langage dépend de
notre arbitraire, quelle certitude demeure intacte ? Le dernier
mot de Lautréamont est un hymne funèbre d'humour nihiliste.

Moins radicale mais très significative est la protestation de
Tristan Corbière (1845-1875) qui se nommait lui-même « rossi-
gnol de la boue » ; par haine de la sensiblerie romantique, par
manque de métier aussi, le satirique des *Amours jaunes* verse
souvent dans la brutalité barbare ; ses poèmes bretons et ses
élégies confidentielles méritent pourtant que Verlaine l'accueille parmi les « poètes maudits ». Là il voisine avec Rimbaud
qui l'éclipse par son œuvre, par sa vie, par sa légende. Car la
renommée de « l'homme aux semelles de vent » dans les
milieux symbolistes se fonda pendant longtemps sur sa
carrière aventureuse autant que sur ses ouvrages, les *Illuminations* n'étant publiées par Verlaine qu'en 1886, la *Saison*

en enfer qu'en 1892. Depuis lors toutes les recherches sur son enfance à Charleville, sa venue à Paris, ses rapports amicaux et sexuels avec Verlaine, son long séjour en Abyssinie, son agonie à l'hôpital de Marseille, ne nous servent que pour éclaircir le sens d'une œuvre géniale, d'une expérience qui n'a d'analogue dans aucune littérature.

La partie dont l'enjeu sera une gloire immortelle, Arthur Rimbaud (1854-1891) la gagne en trois années ; il lui en restera dix-huit pour mépriser sa victoire. Lorsqu'il accourt rejoindre Verlaine à Paris, en octobre 1871, ce précoce adolescent a déjà composé des morceaux qui deviendront classiques, des *Effarés* au *Dormeur du Val*, de *Soleil et Chair* au *Cabaret vert* ; pour la vigueur ou pour la grâce, il égale n'importe lequel de ses modèles ; il possède en propre le don de musicale suggestion que nous admirons dans les *Chercheuses de Poux* :

> *Il écoute chanter leurs haleines craintives*
> *Qui fleurent de longs miels végétaux et rosés*
> *Et qu'interrompt parfois un sifflement, salives*
> *Reprises sur la lèvre ou désirs de baisers...*

Et pour couronner cette première période de son éblouissante carrière, il a, durant l'été de 1871, imaginé la course et les fraternelles dérades du *Bateau ivre* :

> *Dans les clapotements furieux des marées,*
> *Moi, l'autre hiver, plus sourd que les cerveaux d'enfants,*
> *Je courus ! et les Péninsules démarrées*
> *N'ont pas subi tohus-bohus plus triomphants...*

Allégorie prophétique aussi bien que récapitulation de son passé ! Dans une lettre de mai 1871 où il exalte Baudelaire comme « le premier voyant, roi des poètes, un vrai Dieu », Rimbaud découvre son ambition : « Je dis qu'il faut être *voyant*, se faire VOYANT. Le poète se fait *voyant* par un long, immense et raisonné *dérèglement de tous les sens.* » La même année, dans les fragments intitulés *Déserts de l'Amour*, il se montrait, devant un kaléidoscope de subtiles transmutations, « ému jusqu'à la mort par le murmure du lait du matin et de la nuit du siècle dernier ». En 1872, ayant fait de son esprit la scène d'un « opéra fabuleux », il s'adonne à cette « alchimie du verbe » que décrira sa *Saison en enfer* : « Je réglai la forme et le mouvement de chaque consonne, et, avec des rythmes instinctifs, je me flattai d'inventer un verbe poétique accessible, un jour ou l'autre, à tous les sens. » Le résultat sera cette suite des *Illuminations* qu'il appelait dédaigneusement des *coloured plates*. Mais pareilles images — songez à *Mystique, Aube* ou *Royauté* — compteront à jamais entre les chefs-d'œuvre du poème en prose pour la perfection des rythmes comme pour l'infaillible précision de l'ensorcellement.

Car Rimbaud a vécu jusqu'au tréfonds de son être l'antithèse baudelairienne. Somnambule, il atteint aux mystérieux confins où l'on doit avouer : « ce ne peut être que la fin du monde en avançant ». Magnétiseur, il demeure implacablement un vagabond « pressé de trouver le lieu et la formule ». Jamais sa lucidité ne l'abandonne, ni dans les extases d'*Enfance*, ni dans les ressauts d'humour vengeur de *Barbare* ou de *Solde*, ni quand il édifie les paysages hallucinants de *Fleurs* et de *Phrases* : « j'ai tendu des cordes de clocher à clocher ; des guirlandes de fenêtre à fenêtre ; des chaînes d'or d'étoile à étoile, et je danse ». Il ne se contente pas d'avoir libéré le vers de *Larme* et la prose de *Vies* pour en forger les plus envoûtantes mélodies ; avec *Marine* et *Mouvement* il invente le verset, forme musicale assez souple pour épouser toutes les inflexions de l'âme. Ce fut l'heure de la grande tentation, celle où Rimbaud « fixait des vertiges » et s'accoutumait à « trouver sacré le désordre de son esprit ». La réaction ne tarda guère ; dès l'été de 1873, il retraçait dans la *Saison en enfer* un itinéraire de damné. En traits fulgurants il y décharge toutes ses rancœurs d'époux infernal, d'ange exempt du péché originel, d'artiste novateur. Son bref séjour parmi les hommes lui a prouvé que l'amour était « à ré-inventer », que l'on ne pouvait se soustraire à la tradition catholique de l'Occident, que lui-même n'est point un mage, mais un paysan « rendu au sol avec un devoir à chercher et la réalité rugueuse à étreindre ». Alors Arthur Rimbaud, après avoir « dit adieu au monde dans d'espèces de romances » d'une troublante limpidité :

J'ai fait la magique étude
Du bonheur qu'aucun n'élude...

Elle est retrouvée
Quoi ? l'Éternité.
C'est la mer mêlée
Au soleil...

se retire au désert de l'action où il lui « sera loisible de posséder la vérité dans une âme et un corps ». A vingt ans, il se taisait ; mais les *Illuminations* et la *Saison* bientôt parleraient en son nom comme « de l'âme pour l'âme, résumant tout, parfums, sons, couleurs, de la pensée accrochant la pensée et tirant ». Qu'aurait-il pu ajouter à la splendeur de son œuvre, au stimulant de son exemple ? Il avait même prévu qu'en succombant sous sa lourde tâche il servirait encore la poésie, marquant l'endroit d'où partiraient, pour achever ses conquêtes, ceux qui auraient compris la portée de son message : « Viendront d'autres horribles travailleurs ; ils commenceront par les horizons où l'autre s'est affaissé ! »

Il est impossible de raconter la vie de Paul Verlaine (1844-1896) sans narrer longuement ses rapports avec Rimbaud, leurs vagabondages et le drame de Bruxelles. Dans son œuvre, au contraire, on ne trouve d'autre trace de cette influence que la confession voilée du *Crimen Amoris*. Si Rimbaud aida Verlaine, ce fut surtout en l'encourageant à s'approprier chez Nerval et Marceline Desbordes-Valmore ce qui convenait à son tempérament. Car Verlaine est un mauvais disciple, bien qu'il ait multiplié les pastiches ; mais ses plus fervents lecteurs négligent toutes ces imitations, comme ils écartent le fatras dont s'encombrent ses derniers recueils. Ce tri fait, il ne reste guère que la matière d'un volume ; mais nous sommes devant l'ouvrage d'un grand poète, d'un authentique héritier de Villon. Car il sied de le croire, en somme, quand il revendique pour sa patrie idéale « le Moyen Age énorme et délicat » qu'il oppose au XVIIᵉ siècle, gallican et janséniste. Et nous pouvons l'imaginer dans ce décor sans renoncer aux *Fêtes galantes* ; le « vergier » de Guillaume de Lorris n'est pas moins civilisé que le parc de Watteau, pas moins digne de recueillir la confidence des *Ingénus* :

> *Le soir tombait, un soir équivoque d'automne :*
> *Les belles, se pendant rêveuses à nos bras,*
> *Dirent alors des mots si spécieux, tout bas,*
> *Que notre âme depuis ce temps tremble et s'étonne.*

Homo duplex : il se connaissait si bien tel, qu'il s'avisa de publier alternativement un recueil de pièces catholiques et un volume profane. Ses commentateurs comme ses biographes

doivent prendre leur parti de sa dualité : il est à la fois candide
et roublard, égrillard et recueilli, se perd en de longs bavardages
didactiques ou exprime sobrement sa douleur à la mort de
Lucien Létinois ; il se plaît à jouer au vieux faune et donne
avec la suite des sonnets de *Sagesse* un des chefs-d'œuvre de
la poésie chrétienne. Il s'en remet à la Vierge avec la même
confiance qu'il rêvait de s'abandonner à une amante maternelle. Certains épisodes de son existence et leurs reflets dans
son œuvre sont laids, voire : avilissants ; Verlaine n'en reste
pas moins « le pauvre Lélian ». Avec la même grâce il anime
les fantoches de la Comédie italienne, invente de plaisantes
modulations sur les thèmes populaires, évoque le drame du
Colloque sentimental, épanche son âme en d'exquises élégies :

> *Voici des fruits, des fleurs, des feuilles et des branches...*
> *Il pleure dans mon cœur*
> *Comme il pleut sur la ville...*

Ce qui fait le charme personnel, irrésistible, de Verlaine, c'est
l'art avec lequel il crée, dans *Sagesse* aussi bien que dans la
Bonne Chanson et les *Romances sans paroles*, une musique qui
séduit également les plus simples et les plus raffinés :

> *La lune blanche*
> *Luit dans les bois...*
> *Je suis venu, calme orphelin...*
> *Le ciel est par-dessus le toit*
> *Si bleu, si calme...*

Nul poète n'appelait davantage la collaboration des musiciens,
à preuve les glorieuses réponses qu'il reçut de Fauré, de
Debussy ; mais ses poèmes déjà sont des mélodies ; il y joue
voluptueusement des rythmes impairs, des suaves rimes fémi-
nines ; il tire même des effets de tendresse des dures syllabes
masculines :

> *Calmes dans le demi-jour*
> *Que les branches hautes font,*
> *Pénétrons bien notre amour*
> *De ce silence profond...*

Ce fut par cette musique en sourdine qu'il parvint, comme
disait Huysmans, à « laisser deviner certains au-delà troublants

d'âme ». Aussi, pour formuler son *Art poétique*, lui suffit-il
de promulguer deux préceptes :

> *Prends l'éloquence et tords-lui son cou !...*
> *De la musique avant toute chose...*

Malicieusement il consentait à s'appeler un décadent, à
conseiller quelque savante « méprise » dans le choix des mots,
à proscrire tout ce qui lui déplaisait sous la vague dénomina-
tion de « littérature ». Mais il n'avait rien d'un théoricien
quand il proclamait sa préférence pour « la nuance » et la
« chanson grise ». Nullement chef d'école, il était cependant
pour les jeunes poètes un excellent homme-drapeau ; au sortir
des massives bâtisses parnassiennes, sa poésie aura vraiment
été, pendant trente années, une merveilleuse « bonne aventure ».

A Stéphane Mallarmé (1842-1898) était réservée la gloire
de fonder et de justifier une doctrine du symbolisme. Non
que sa première expérience lui ait été inutile : outre le goût
de certaines images plastiques, il en a gardé cette « adoration
pour la vertu des mots » qu'il louera comme une qualité des
Parnassiens. La rupture se produisit vers 1875, à propos de
son *Après-Midi d'un Faune* qui, dit-il, « fit hurler le Parnasse
tout entier ». Elle était inévitable car le véritable initiateur
de Mallarmé avait été Baudelaire ; la filiation est évidente
entre le poète des *Correspondances* et celui de l'*Azur* ou des
Fenêtres qui sont déjà des contre-points de symboles. Aussi
vit-il clairement que l'erreur fondamentale des Parnassiens
consistait dans « la prétention d'enfermer en l'expression la
matière des objets ». La découverte de Wagner, (de tous les
grands compositeurs celui chez lequel la musique se rapproche
le plus de la littérature), le confirma dans sa résolution :
il lui fallait inaugurer « un art d'achever la transposition,
au livre, de la symphonie ou uniment de reprendre notre
bien ». Or, ses préoccupations personnelles lui semblaient
avoir acquis une valeur assez générale pour inspirer un programme commun aux divers groupements poétiques de son
époque : « Un souci musical domine et je l'interpréterai selon
sa visée la plus large. Symboliste, Décadente ou Mystique, les
Écoles... adoptent, comme rencontre, le point d'un Idéalisme
qui (pareillement aux fugues, aux sonates) refuse les maté-
riaux naturels et, comme brutale, une pensée directe les

ordonnnant ; pour ne garder de rien que la suggestion. » De cette transposition idéaliste où les objets ne seront plus nommés et dénombrés mais harmonieusement suggérés, l'instrument sera « le vers qui de plusieurs vocables refait un mot total, neuf, étranger à la langue et comme incantatoire ». Et qui ne sentirait, en effet, la force incantatoire de ces vers-poèmes dont s'illumine l'œuvre de Mallarmé :

> *Je t'apporte l'enfant d'une nuit d'Idumée...*
> *Tel qu'en lui-même enfin l'éternité le change...*
> *Une sonore, vaine et monotone ligne... ?*

Mais, au nom de cet Idéalisme dont il se réclame autant que son ami Villiers de L'Isle-Adam, Mallarmé va oser affirmer que « la Poésie est l'expression, par le langage humain ramené à son rythme essentiel, du sens mystérieux de l'existence ». Dans les notes autobiographiques rédigées pour Verlaine en 1885 il a confessé sa mystique ambition : élaborer « avec une patience d'alchimiste » un livre, ou mieux : *le* livre (car il reste « persuadé qu'au fond il n'y en a qu'un ») où serait contenue « l'explication orphique de la Terre, qui est le seul devoir du Poète et le jeu littéraire par excellence ». Cela implique une étrange fierté, celle de l'homme qui affiche volontiers « son incompétence sur autre chose que l'absolu ». Un tel orgueil pourtant se dépouille d'égoïsme et Mallarmé prouve combien Baudelaire avait raison d'associer l'âme sainte et le parfait chimiste. C'est avec une émouvante abnégation que ce Palissy des poètes aura immolé sa vie matérielle et intellectuelle à une grandiose entreprise : manifester le « sortilège » de la littérature en libérant, « hors d'une poignée de poussière ou réalité sans l'enclore, au livre, même comme texte, la dispersion volatile soit l'esprit, qui n'a que faire de rien outre la musicalité de tout ». Dans une pareille conception le symbole n'est pas un ornement du réel ; il est l'unique objet authentique et se dépeint sans intermédiaire. L'obscurité des derniers poèmes de Mallarmé s'explique par la hardiesse toujours croissante de sa démarche. Sans doute aussi revit-il la tragédie de Maurice Scève : sa sensualité d'homme et d'artiste se fait de plus en plus abstraite. Dès sa jeunesse l'avait obsédé l'idéal de farouche virginité qu'il magnifia dans son *Hérodiade*. Il consentit à laisser planer l'hymne d'amour charnel sur cet

Après-Midi d'un Faune qu'un grand musicien devait rendre doublement immortel :

> *Tu sais, ma passion, que, pourpre et déjà mûre,*
> *Chaque grenade éclate et d'abeilles murmure :*
> *Et notre sang, épris de qui le va saisir,*
> *Coule pour tout l'essaim éternel du désir.*

Mais ensuite, s'enivrant de solitude et de spiritualité, Mallarmé en vint, de son propre aveu, à préférer au fruit réel celui de l'imagination légendaire :

> *Qu'un éclate de chair humain et parfumant !*
> *Le pied sur quelque guivre où notre amour tisonne,*
> *Je pense plus longtemps peut-être éperdument*
> *A l'autre, au sein brûlé d'une antique Amazone.*

De ce conflit intime nous trouvons maintes traces dans son art poétique (la *Prose pour Des Esseintes*), dans un poème en prose comme *le Nénuphar blanc* où il exalte l'être même du non-être, dans les suprêmes sonnets qui, en dépit de leur difficulté, réservent au lecteur attentif les plus exquises jouissances. Enfin, pour attester l'unité et l'importance de la lutte spirituelle qui lui semblait le type du Drame et a commandé tous ses propos sur le théâtre, il nous a légué un incomparable témoignage, ébauché dans *Igitur* (1867-1870), pleinement orchestré dans *Un coup de dés* (1896). Aux confins de la musique et de la poésie, il a évoqué dans une « partition » verbale ce qui avait été sa raison de vivre, l'effort de la pensée pour inscrire au firmament héroïque, malgré tous les obstacles suscités par l'inéluctable Hasard, une nouvelle constellation.

Aussitôt après les maîtres du Symbolisme, il sied de nommer Jules Laforgue (1860-1887) dont l'influence s'exerça sur deux générations. Il méritait cet honneur par les complaintes où il exprimait avec un tendre humour ses tristesses de « Pierrot lunaire » mieux que par les artificieuses amplifications et les grimaçantes parodies des *Moralités légendaires*. Plus systématiquement que Laforgue, Gustave Kahn (1859-1936) se fit l'artisan du vers libre : épris de Schumann plus que de Wagner, il a su faire passer dans des *lieds* d'allure populaire les raffi-

nements d'une sensibilité très cultivée. Stuart Merrill (1863-
1915), Américain d'origine, pratiquait la poésie comme un
art décoratif jusqu'au jour où la douleur lui arracha des
accents plus sobres et plus poignants. A son compatriote
Francis Viélé-Griffin (1864-1937) nous devons, outre de
vibrants poèmes narratifs, les images assez froidement stylisées
de la *Lumière de Grèce* et les ferventes évocations du printemps
de Touraine qui fleurissent dans *la Clarté de Vie*. Pour Albert
Samain (1858-1900), on lui en a parfois voulu d'avoir si vite
conquis le grand public, d'avoir été l'idole des sous-préfètes.
Il est vrai qu'il pèche fréquemment par mièvrerie ou indolence
et abuse d'une douceur un peu fade. Cependant arrêté par la
mort au moment où il demandait à l'Hellade païenne un
renouveau d'inspiration, l'auteur du *Jardin de l'Infante* et du
Chariot d'Or reste un de nos plus purs élégiaques, celui peut-
être qui conjure le mieux, dès son premier coup d'archet,
une atmosphère de rêverie sentimentale :

> *Premiers soirs de printemps : tendresse inavouée...*
> *Devant la mer, un soir, un beau soir d'Italie...*
> *Le ciel suave était jonché de pâles roses...*

Georges Rodenbach (1855-1898) connut également le succès
avec son roman de *Bruges-la-Morte* et les vers du *Règne du
Silence* qui ne nous touchent plus guère qu'aux minutes où il
évoque sans faux embellissements le défilé des sensations
dans une conscience passive. Parmi les poètes belges qui colla-
borèrent au mouvement symboliste on retiendra plus volontiers Charles Van Lerberghe (1861-1907) dont la *Chanson
d'Ève* s'impose par la souplesse des rythmes, la grâce des
images et le sentiment panthéiste de la beauté :

> *Comme un beau fleuve,*
> *En toutes choses la même vie coule,*
> *Et nous rêvons le même rêve.*

D'Émile Verhaeren (1855-1916) dira-t-on qu'il fut un symboliste ? Oui, si l'on entend par là un visionnaire dont l'état
normal était le paroxysme, dont l'imagination se déchaînait
avec la même fougue sur les éléments réalistes et romantiques

de son héritage flamand. Campagnes des *Soirs* ou des *Débâcles*,
bars tapageurs des grands ports, chênes tordus par la tempête
et vent sauvage de novembre, moines plongés dans la paix
orageuse des cloîtres ou tribuns circulant dans les Bourses
et les usines des *Villes tentaculaires*, paysages et hommes,
tout s'animait sous son regard d'une vie effrénée, hallucinée.
Est-il surprenant que Verhaeren se soit senti menacé de
sombrer dans la folie ? Alors vint la période d'apaisement
recueilli que jalonne la triple série des *Heures* (1896-1911) où
il a si noblement célébré l'amour de la patrie et le bonheur
conjugal. Dans le même temps, celui qui était devenu l'interprète de « toute la Flandre » passait des *Forces tumultueuses* à
la Multiple Splendeur. Exaltant les maîtres de la philosophie,
il donnait à son panthéisme de voyant une armature intellectuelle. A l'exemple de Victor Hugo, quand éclata la première
guerre mondiale du xxᵉ siècle, il s'était fait le héraut du progrès humain, de la joyeuse communion de l'individu avec
l'univers :

> *Depuis que je me sens*
> *N'être qu'un merveilleux fragment*
> *Du monde en proie aux géantes métamorphoses,*
> *Le bois, le mont, le sol, le vent, l'air et le ciel*
> *Me deviennent plus fraternels*
> *Et je m'aime moi-même en la splendeur des choses.*

Remerciant Verhaeren, en 1887, d'une étude qu'il lui avait
consacrée, Mallarmé y relevait tout particulièrement « la
reconnaissance subtile de son classicisme ». Que la transition
fût aisée des chemins symbolistes à la grande route classique
Henri de Régnier (1864-1936) le montra discrètement. Ne lui
était-elle pas facilitée par un amour de l'antiquité dont témoignent également les souples *Odelettes* et maints sonnets odo-
rants de ses *Médailles d'Argile* ? S'il plaçait *Marsyas* et *le Vase*
sous l'invocation de Mallarmé, il estimait hautement Hérédia
dont il avait épousé la fille qui allait être, sous le pseudonyme
de Gérard d'Houville, la délicate poétesse de *l'Ombre*. Surtout,
par l'aristocratique réserve qui rend si poignantes la mélancolie
de *la Lune jaune* et les confidences de *Vestigia Flammæ*,
Régnier apparaissait digne du rôle de conciliateur entre le
passé et la modernité. Aujourd'hui encore il demeure associé

à la « Cité des Eaux » car nul n'a mieux exprimé le charme et
l'amertume de Versailles,

> La grandeur taciturne et la paix monotone
> De ce mélancolique et suprême séjour,
> Et ce parfum de soir et cette odeur d'automne
> Qui s'exhalent de l'ombre avec la fin du jour.

Plus bruyante fut l'évolution de Jean Moréas (1856-1910)
qui avait été d'abord un impétueux partisan du vers libre.
Mais cet Athénien de naissance, admirateur de Ronsard et
de Chénier, sonna, dès le Pèlerin passionné, le retour « au vrai
classicisme et à la vraie antiquité ». En 1890, il fondait l'École
Romane, avec Maurice du Plessys, Raymond de la Tailhède,
Ernest Raynaud et Charles Maurras. Depuis lors il justifia
par l'exemple sa protestation contre les cloisons élevées entre
les diverses écoles poétiques et prouva, selon le commentaire
de Barrès, « qu'un sentiment dit romantique, s'il est mené à
un degré supérieur de culture, prend un caractère classique ».
C'est, en effet, le stoïcisme de Vigny, purifié du désespoir par
la certitude d'un pouvoir créateur manifesté dans une œuvre
achevée, qui donne leur pensive beauté aux Stances de Moréas :

> Riez comme au printemps s'agitent les rameaux.
> Pleurez comme la bise ou le flot sur la grève,
> Goûtez tous les plaisirs et souffrez tous les maux ;
> Et dites : c'est beaucoup et c'est l'ombre d'un rêve.

A consulter : André Thérive, le Parnasse ; John Charpentier,
le Symbolisme ; A.-M. Schmidt, la Littérature symboliste ;
Marcel Raymond, De Baudelaire au Surréalisme ; Ad. Van
Bever et Paul Léautaud, Poètes d'Aujourd'hui.

Chapitre VIII

PERSPECTIVES DU XXe SIÈCLE (1)

Ce qui frappe d'abord un observateur des premières années de ce siècle, c'est la force avec laquelle se prolongea l'ébranlement causé par le Symbolisme. Cela tient à ce qu'il avait été, comme le Romantisme, un mouvement d'ensemble qui n'affectait point le seul domaine des poètes. Il s'était également manifesté au théâtre avec Mæterlinck, dans la nouvelle et le roman avec Villiers, Schwob et Dujardin ; il avait trouvé en Gourmont son critique, son dissociateur d'idées ; il avait même influencé des naturalistes comme Zola et des épigones du romantisme comme Rostand. Partout — et voilà peut-être le seul lien qui ait uni vraiment tant d'efforts différents — il avait revendiqué la prééminence de l'idéalisme poétique. Un Pierre Louÿs (1870-1925) ne le reniera pas lorsqu'en 1907, ayant suivi une évolution parallèle à celle de Régnier, il publiera l'*Apogée* avec son hautain et pudique appel à Psyché :

> *Rappelez-vous qu'un soir nous vécûmes ensemble*
> *L'heure unique où les dieux accordent, un instant,*
> *A la tête qui penche, à l'épaule qui tremble,*
> *L'esprit pur de la vie en fuite avec le temps.*

Pas plus que lui, Gide et Valéry, Claudel et Fargue n'ont oublié les mardis de la rue de Rome et ce fut sous l'étendard symbo-

---

(1) Dans les limites qui nous étaient imposées nous ne pouvions retenir, parmi les poètes du XXe siècle, que les plus grands et les plus représentatifs. Nous nous en excusons auprès des admirateurs de Charles Guérin, de Léon Deubel, de Paul Drouot et de bien d'autres. Ils trouveront un tableau plus complet dans notre *Histoire de la Littérature française contemporaine.*

liste que débutèrent Paul Fort et Francis Jammes. De Paul
Fort (1872-1960) le nom s'est associé au titre des *Ballades
françaises* et d'abord à la célèbre *Ronde :* « Si toutes les filles
du monde voulaient s'donner la main, tout autour de la mer
elles pourraient faire une ronde. » C'est justice puisque nul
écrivain n'a mieux donné à ses créations le charme qu'ont les
meilleures expressions de l'âme populaire. Son succès même
pourtant l'a quelquefois desservi ; certains n'ont voulu voir
en lui qu'un chantre ingénu du *Paris sentimental*, de ses quais,
de ses ponts, des petites villes de l'Ile-de-France. Or, Paul
Fort est un artiste très conscient qui ne le cède point en
malice au cher Louis XI dont il a fait le protagoniste de ses
fresques historiques. Il tire les plus adroits effets de la forme
qu'il a choisie : une stance en prose rythmée qui autorise les
familiarités en gardant l'accent poétique et traduit noblement
son amour de la nature dans tel dialogue nocturne : « Toute la
nuit d'étoiles est sur le promontoire. Viens ! nous aurons
assez d'étoiles pour nous deux. Serre bien sur ton cou ton
voile au vent du soir. Vois comme sous nos pas les ajoncs
sont frileux. » Car l'auteur du *Lien d'Amour* est également
celui des *Idylles antiques* ; élu, en 1912, Prince des Poètes, il
était depuis toujours, selon le mot de Mæterlinck, un « poète
intégral ».

Plus limité apparaît le registre de Francis Jammes (1868-
1938). Volontairement limité, eût-il riposté, lui qui, présentant
au public son dernier recueil : *De tout temps à jamais*, se flattait
d'avoir « toujours suivi la même ligne ». En effet, son retour
à une foi franciscaine et sa haine affichée des complications
lui ont inspiré les *Géorgiques chrétiennes* ; inlassablement, « de
l'angélus de l'aube à l'angélus du soir », il a chanté la campagne
d'Orthez et ses habitants, du lièvre Patte-Usée au petit âne
qu'il invoquait si tendrement :

> *O mon frère, espérons qu'à cette même source*
> *où se mire le Paradis,*
> *toi et moi nous boirons un jour une eau plus douce*
> *que l'ombre de l'aulne à midi.*

Par un parti pris que son humour ne sut point toujours
nuancer, il a exagéré ce ton de simplicité, se témoignant à
soi-même une complaisance infinie. Il aura été néanmoins

un de nos rares bucoliques et, quand il évoquait Clara d'Ellé-
beuse ou s'élevait de l'amour de la nature à l'extase religieuse :

> *Une noix d'Amérique est tombée sur l'allée.*
> *Elle annonce l'automne et son odeur étrange*
> *substitue à l'amour doucement désolé*
> *l'Amour de Dieu vivant aux ténèbres des branches,*

il s'est montré, aux deux sens du mot, le poète de la Grâce.

Aux temps de la poésie « naturiste », les critiques compa-
raient volontiers à Jammes la fascinatrice qu'ils nommaient
« la Muse des jardins » : ne se peignait-elle pas, dans *le Cœur
innombrable* et *l'Ombre des Jours*, en cette attitude de prêtresse
de la Vie ? N'apparaissait-elle point à Maurras comme l'incar-
nation du romantisme féminin ? Anna de Noailles (1876-1933)
n'a jamais caché son « goût de l'héroïque et du passionnel » ;
même lorsqu'elle chantait *les Éblouissements* et *les Forces
éternelles*, son « cœur tumultueux » nourrissait le désir d'imposer à jamais sa sensuelle beauté féminine aux jeunes hommes
du présent et de l'avenir dont elle hanterait les rêveries. Si ses
poèmes renferment trop de passages où le métier n'est pas à la
hauteur de l'inspiration, cet égotisme lui a dicté, au nom de
ses sœurs, la plus tragique réponse aux anathèmes de Louis
Bouilhet :

> *Lorsque leur turbulent et confiant désordre*
> *S'abat entre vos mains, dans leurs instants sacrés,*
> *C'est l'immense univers qui leur donne des ordres,*
> *Et vous n'êtes jamais qu'un répit préféré.*

Enfin lorsqu'elle vit lentement disparaître ses amis et se
détourner d'elle ceux qui l'avaient adulée, elle se renferma
dans le stoïque orgueil dont témoignent *l'Honneur de souffrir*
et les derniers vers dictés sur son lit de mort où elle se représente qui,

> *Fuyant le désarroi de n'aimer plus à plaire,*
> *Rejoint la mâle paix muette des héros.*

Avec le recul du temps, il nous semble aujourd'hui mons-
trueux que l'astre de Paul Claudel (1868-1955) n'ait pas brillé
au zénith du firmament littéraire en ces premières années du
siècle. N'avait-il pas publié, avant 1900, *Tête d'Or* et *la Ville* ?

Ne fit-il point paraître, entre 1900 et 1914, *Connaissance de l'Est*, *l'Échange*, *Partage de Midi*, *l'Otage*, *l'Annonce faite à Marie*, les *Cinq grandes Odes* et les *Deux Poèmes d'Été* ? Pour comprendre comment l'auteur du *Repos du Septième Jour* a pu être alors méconnu, il faut songer que l'Académie refusait encore, en 1935, d'accueillir celui qui avait ajouté à cette œuvre les poèmes de *Corona Benignitatis* et des *Feuilles de Saints*, les drames du *Pain dur*, du *Père humilié* et du *Soulier de Satin*, les essais de *Positions et Propositions* et des *Conversations dans le Loir-et-Cher*. Son *Christophe Colomb* et son *Tobie* n'ayant pas dû les rassurer depuis lors, ne nous fions pas aux guides officiels pour apprécier l'apport de Claudel à la poésie française. Car, dans ses grandioses tragédies aussi bien que dans son *Ode à Dante*, il est constamment un poète, « proférant de chaque chose le nom ». De même qu'il a défini le peintre Vermeer « un contemplateur de l'évidence », ainsi s'est-il appelé « l'Inspecteur de la Création, le Vérificateur de la chose présente ». Il aspire à mériter l'hommage que Besme rend à Cœuvre dans le drame de *la Ville* :

Par le moyen de ce chant sans musique et de cette parole sans voix, nous sommes accordés à la mélodie du monde.
Tu n'expliques rien, ô poète, mais toutes choses par toi nous deviennent explicables.

Ce besoin d'universalité, qu'il prête à l'eschylien Tête d'Or comme à l'empereur chinois du *Repos*, se satisfait dans le catholicisme auquel l'ont ramené Baudelaire et surtout Rimbaud : « principe, pensées, forme même, je lui dois tout », a-t-il dit du poète des *Illuminations*. Mais Dieu n'est-il pas le suprême poète ? « Nous nous placerons devant l'ensemble des créatures, comme un critique devant le produit d'un poète », écrivait Claudel dans son *Art poétique*. Sa vie errante comme consul et ambassadeur de France n'a pu que favoriser cette vision planétaire. Il embrasse d'un coup d'œil tous les phénomènes des espaces éloignés, soumis tous à l'unique loi du temps. Spontanément il perçoit les plus vastes ensembles de cette Asie qu'il a si tendrement chérie ; il nous invite à contempler, sillonnée par le Rhône,

L'Europe autour de nous de toutes parts pour le recueillir profondément exfoliée se lever et s'ouvrir comme une rose immense.

Objets et âmes, tout lui deviendra matière à d'harmonieux
concerts entre notes complémentaires qui s'accorderont, telles
les trois voix de la *Cantate* libérant les chants de trois races
humaines. Or, au goût du voyage s'associent l'instinct des
départs, l'exaltation du splendide détachement de midi en
plein océan, le refus de croire « quelque part que l'on est arrivé ».
L'imagination cosmique de Claudel et sa foi religieuse rejettent
même l'égoïsme des amants et les somment « d'échapper au
bonheur » pour réaliser une plus haute et mystique union.
Mesa et Ysé, Prouhèze et Rodrigue peuvent répéter les paroles
d'Orian :

Il est nécessaire que je ne sois pas un heureux ! Il est nécessaire
que je ne sois pas un satisfait !
Il est nécessaire qu'on ne me bouche pas la bouche et les yeux
avec cette espèce de bonheur qui nous ôte le désir.

L'instrument poétique de ce successeur de Rimbaud est le
verset qui a décontenancé des lecteurs surpris de n'y point
retrouver la « mesure connue » mais que Claudel a dérivé de
« l'iambe fondamental » » :

J'inventai ce vers qui n'avait ni rime ni mètre,
Et je le définissais dans le secret de mon cœur cette fonction
double et réciproque
Par laquelle l'homme absorbe la vie, et restitue, dans l'acte
suprême de l'expiration,
Une parole intelligible.

Nous trompons-nous en pensant que la volonté d'universa-
lisme a encore dicté ce choix d'un mode d'expression qui
supporte les truculences populaires aussi bien que les raffinements de l'art baroque ? Il y a là correspondance physiolo-
gique autant que nécessité spirituelle. Seule, la laisse de
versets est à la mesure du souffle de héros comme Christophe
Colomb et Rodrigue qui furent envoyés « pour réunir la
terre », de l'enthousiasme d'un poète qu'emplit « l'ivresse de
l'esprit qui danse ». Le *Magnificat* et l'ode à *la Muse qui est*
la Grâce le montrent également qui, simple « note en travail »
dans la symphonie des sphères, s'abandonne à la griserie
lyrique afin de mieux « rappeler l'univers à son rôle de Paradis ».

Pour avoir depuis un demi-siècle édifié, de la farce satyrique
aux cantiques d'adoration,

Le grand poème de l'homme enfin par delà les causes secondes
    réconcilié aux forces éternelles,
La grande Voie triomphale au travers de la Terre réconciliée
    pour que l'homme soustrait au hasard s'y avance,

Paul Claudel a offert à tous ses contemporains, chrétiens ou
incroyants, la possession de cette « grande joie divine » qu'il
tient pour la seule réalité.

La presque totalité des poèmes de Charles Péguy (1873-1914)
fut composée dans les quatre dernières années de sa vie. Ces
litanies d'insistants quatrains prolongent son œuvre de prose,
présentent la suprême image de son idéalisme charnel, de son
catholicisme indépendant. Le mot de *tapisseries* caractérise
bien ces vastes nappes de vers, ces répétitions obstinées, ces
énumérations qui enrichissent sans relâche le thème robuste-
ment posé pour établir un certain climat. Il ne convient pas
moins au *Mystères* qu'à *Ève* qui est, dans ce genre, l'ouvrage
le plus accompli de Péguy jusqu'en sa prophétique invocation :

Heureux ceux qui sont morts pour la terre charnelle,
Mais pourvu que ce fût dans une juste guerre.
Heureux ceux qui sont morts pour quatre coins de terre.
Heureux ceux qui sont morts d'une mort solennelle.

D'une coulée lyrique moins impressionnante, *la Tapisserie de
Notre-Dame* est peut-être plus émouvante encore avec ses
sonnets sur « Paris double galère » et l'admirable *Présentation
de la Beauce à Notre-Dame de Chartres* où Péguy s'est résumé
tout entier en conjurant fraternellement un autre bâtisseur :

Un homme de chez nous, de la glèbe féconde
A fait jaillir ici d'un seul enlèvement,
Et d'une seule source et d'un seul portement,
Vers votre assomption la flèche unique au monde.

Sensible dans toute l'œuvre de Péguy, la crise morale de
l'Affaire Dreyfus influença maints débutants de cette époque.
La préoccupation des problèmes sociaux, l'exemple de Verhaeren, la révélation de Whitman ont agi dans le même sens sur

les compagnons de l'Abbaye. Tandis qu'André Spire (né en 1868) mêlait dans ses *Versets* l'âpre satire d'Israël et son incoercible espoir, les hôtes de Créteil en appelaient à la fraternité humaine : Georges Duhamel (né en 1884), dans *Compagnons*, réservait pourtant les droits de l'individualisme et Charles Vildrac (né en 1883) montrait son talent d'intimiste dans les délicates effusions du *Livre d'Amour*. Grand voyageur, leur ami, Luc Durtain (né en 1881) se préparait par la croisière de *Kong-Harald* aux « conquêtes du monde » des *Quatre Continents*. Trop tôt disparu, Georges Chennevière (1884-1927) devait pourtant nous laisser, outre les suites mélodiques du *Chant du Verger* et du *Roi d'un Jour*, les pièces d'*Immobilité* qui comptent parmi les modèles de l'élégie moderne en alexandrins non rimés. Car c'est bien un classicisme moderne qu'ont voulu instituer Jules Romains (né en 1885) et Chennevière leur *Petit Traité de Versification* (1923) est le fruit de conversations dont les premières datent de la cagne de Condorcet. Dès 1905, Chennevière avait accepté le terme d'*unanimisme* que Romains proposait pour traduire leur croyance qu'il existe une âme collective avec laquelle chaque âme individuelle peut communiquer intuitivement. On sait que la vision unanimiste aura inspiré à Romains une des œuvres capitales du XXe siècle, assez variée pour englober la tragédie de *Cromedeyre* et la comédie de *Knock*, le roman de *Mort de Quelqu'un* et la symphonie des *Hommes de Bonne Volonté*. Mais on oublie trop souvent que ce grand prosateur est d'abord un poète dont la sensibilité n'est pas moins originale que la technique et qu'il a, du pur psychisme des *Odes* aux chevauchées épiques de l'*Homme blanc*, ouvert à l'imagination de vastes et profondes perspectives.

Aux lecteurs de *Rien qu'une femme* et de l'*Homme traqué* on aime aussi à rappeler que le poète de *la Bohême et mon cœur* survit toujours en Francis Carco (né en 1886), que l'*Ombre* et tel « poème flou » ont conquis leur place dans toutes les anthologies. Écoutez-le donc évoquer, dans les nostalgiques octosyllabes d'*A l'amitié*, ses camarades du groupe fantaisiste qui réagirent à la fois contre « le désordre des pseudo-romantiques et le fatras du symbolisme ». Parmi ceux que Carco inscrit dans la suite de Villon et de Verlaine, il y a hélas ! bien des morts : tels Jean-Marc Bernard (1881-1915) qui tomba près

de Souchez après nous avoir légué le *De Profundis* des tranchées
et Jean Pellerin (1885-1920) dont le testament fut l'exquise
Romance du Retour. Il y a surtout Paul-Jean Toulet (1867-
1920), le sceptique Béarnais qu'attendrissaient les souvenirs
de « la savane en fleurs » dans l'île Maurice, le lyrique épris de
fantaisie et d'exotisme que freinait un pointilleux grammairien. En leur séduisante plénitude, des *Contrerimes* comme cet
adieu :

> *Mourir non plus n'est ombre vaine.*
> *La nuit quand tu as peur,*
> *N'écoute pas battre ton cœur :*
> *C'est une étrange peine...*

n'ont-elles pas doté notre poésie de ses plus parfaits haï-kaïs ?

Autre groupement amical, bien plus que chapelle du
Cubisme, la réunion, rue Ravignan, d'Apollinaire et Picasso
avec Max Jacob et Salmon. Le réalisme visionnaire que Max
Jacob (1876-1944) devait déployer dans ses fresques romancées
apparaît déjà quand il renouvelle le poème en prose *(le Cornet
à Dés)* ou le poème macaronique *(la Défense de Tartuffe)*.
Dans ses poèmes, du *Calumet* à *Prikaz*, comme en peignant
la Buci des *Tendres Canailles*, André Salmon (né en 1881)
s'efforce de substituer « aux saisons du vieux lyrisme le climat
instable de l'inquiétude universelle ». Avec *Alcools* et *Calli-
grammes* Guillaume Apollinaire (1880-1918) prit figure de
chef d'école. Involontairement il provoquait ainsi un malen-
tendu assez grave. Car des fanatiques exigèrent qu'on l'admirât
en bloc, même dans les nombreux passages où il suppléait
aux défaillances de l'inspiration par une érudition pédantesque,
par un bariolage cosmopolite. Or, en déplorant sincèrement
que cette culture livresque l'ait paralysé trop souvent, nous
honorerons mieux la mémoire de celui qui retrouvait le ton
nostalgique de Verlaine et de Villon quand il composait
Vitam impendere amori, le *Pont Mirabeau* et *la Chanson du
Mal-Aimé* :

> *Voie lactée ô sœur lumineuse*
> *Des blancs ruisseaux de Chanaan*
> *Et des corps blancs des amoureuses*
> *Nageurs morts suivrons-nous d'ahan*
> *Ton cours vers d'autres nébuleuses...*

Et peut-être éclairerons-nous ainsi le drame intime d'Apollinaire qui, chargé d'un si lourd passé, voulut devenir le serviteur de l'Esprit Nouveau, de la « Raison Ardente » invoquée
dans *la Jolie Rousse* et dont le dernier mot fut cette pathétique prière :

> *Soyez indulgents quand vous nous comparez*
> *A ceux qui furent la perfection de l'ordre*
> *Nous qui quêtons partout l'aventure.*

Les premières années de l'entre-deux guerres ont laissé aux
critiques le souvenir d'une vive effervescence ; mais ce bouillonnement était moins révolutionnaire que ne le croyaient les
jeunes, éblouis par le succès des *Nuits* de Morand. Si cette
époque se caractérisa par le goût d'un exotisme kaléidoscopique
et par la diffusion de la poésie dans tous les genres littéraires,
on ne saurait oublier qu'avec *Alcools*, 1913 avait vu paraître
le *Grand Meaulnes* et les *Poésies de Barnabooth*. Or, nul
poème ne semblait éveiller plus d'échos magiques que le
roman d'Alain-Fournier. La prose de Jean Giraudoux (qui
débuta en 1909) révélait à chaque livre de nouvelles sources
de lyrisme ; son théâtre, de *Siegfried* à *Electre* et *Ondine*,
allait être un théâtre poétique, digne de Racine et de Musset.
De son côté Valery Larbaud (né en 1881), rivalisant avec
l'Apollinaire de *Zone*, orchestrant les trouvailles d'Henry
Levet (1874-1906) dans un sonnet comme *Outwards*, avait
soufflé au milliardaire sud-américain Barnabooth le *credo* d'un
Cortez à rebours et d'un conquistador des trains de luxe :

> *Je chante l'Europe, ses chemins de fer et ses théâtres*
> *Et ses constellations de cités, et cependant*
> *J'apporte dans mes vers les dépouilles d'un nouveau monde.*

Exceptionnelles en 1913, cette union de la poésie et du
nomadisme, cette infiltration du lyrisme dans la vie quotidienne furent grandement favorisées par les événements qui
suivirent le traité de Versailles ; ce fut le temps des missions
diplomatiques, des échanges de spécialistes, des documentaires
romancés du cinéma, de l' « inflation sentimentale » qu'a
chantée et raillée Pierre Mac-Orlan (né en 1883). De cette

exaltation le meilleur témoignage est l'œuvre de Blaise Cen-
drars (né en 1887) parce qu'il a vraiment vécu la vie dangereuse, qu'il est citoyen « du monde entier », que les poèmes
de *Kodak* sont autant d'instantanés. Mais chez beaucoup
d'autres la fièvre fut purement artificielle et l'exotisme papillo-
tant tourna vite au snobisme ; il supposait, en effet, trop
souvent, selon le mot de Durtain, une « amputation de l'essentiel qui est, sous tous les climats, similitude ».

En 1917 paraissait *la Jeune Parque* ; en 1920, les *Odes*
et *le Cimetière marin* : cela suffisait pour que Paul Valéry
(1871-1945) fût salué comme l'un des maîtres de la poésie française. Mais que signifiait son éblouissante rentrée dans la
littérature alors qu'il semblait lui avoir dit, quinze ans plus
tôt, un adieu irrévocable ? Car il avait bien écrit, entre 1890
et 1900, outre plusieurs poèmes (réunis seulement en 1920
dans l'*Album de vers anciens*), deux ouvrages de prose où
s'amorçait une passionnante enquête intellectuelle : la *Soirée
avec Monsieur Teste* et une *Introduction à la méthode de Léonard
de Vinci*. Depuis lors néanmoins, sauf pour quelques notes
parues au *Mercure de France* sous le titre de *Méthodes*, il avait
gardé le silence. Pourquoi le rompait-il en nous livrant *la
Jeune Parque* ? Nous comprenons à présent que l'explication
tenait dans un mot de sa dédicace à Gide : ne lui offrait-il
pas ce poème comme un « exercice » ? Nous savons aujourd'hui
que, dès 1889, il proposait à un directeur de revue cette définition : « la littérature est l'art qui consiste à se jouer de
l'âme des autres ». Et nous voyons comment une telle formule
préparait cette remarque de sa préface à l'*Adonis* de La
Fontaine : « c'est un art de profond sceptique que la poésie
savante ».

Ce qui entretint un doute, ce fut sa fidélité envers Mallarmé
dont Valéry avait été l'ami et, à propos du *Coup de Dés*, le
confident. Il ne négligeait aucune occasion de louer celui qu'il
nomme dans *Eupalinos* « le très admirable Stephanos ». Évidente sur ses premiers poèmes, l'influence de Mallarmé se
marquait encore en certains passages de *la Jeune Parque* :

> Souvenir, ô bûcher, dont le vent d'or m'affronte,
> Souffle au masque la pourpre imprégnant le refus
> D'être moi-même en flamme une autre que je fus.

Pourtant c'était bien la voix d'un grand poète original qui
s'entendait dans les invocations au Printemps, aux Iles, à la
« très imminente Larme » ou dans les frissonnantes confidences
de sa Psyché :

> *Rien ne me murmurait qu'un désir de mourir*
> *Dans cette blonde pulpe au soleil pût mûrir :*
> *Mon amère saveur ne m'était point venue.*
> *Je ne sacrifiais que mon épaule nue*
> *A la lumière ; et sur cette gorge de miel*
> *Dont la tendre naissance accomplissait le ciel*
> *Se venait assoupir la figure du monde.*

Toute hésitation fut dissipée par la *Lettre sur Mallarmé* où il
oppose si nettement leurs attitudes mentales. Tandis que
l'ambition de Mallarmé « n'allait à rien de moins qu'à diviniser
la chose écrite », Valéry se répétait « que ce n'est point l'œuvre
faite et ses apparences ou ses effets dans le monde qui peuvent
nous accomplir et nous édifier, mais seulement la manière
dont nous l'avons faite ». Bref, il retirait à l'*ouvrage* (souverain,
aux yeux de Mallarmé) une importance qu'il attribuait « à la
volonté et aux calculs de l'*agent* ».

Pareille conception suppose un long travail de perfectionnement intime, poursuivi avec la « rigueur obstinée » que
Valéry admire chez Léonard. A ce prix l'homme deviendra
un instrument toujours mieux affiné pour explorer le beau et
le vrai ; il retrouvera « l'attitude centrale à partir de laquelle
les entreprises de la connaissance et les opérations de l'art sont
également possibles ». En ce sens, le poème est bien un exercice,
une preuve de ce que peut l'auteur quand il applique toutes
ses facultés aux thèmes qui sont proprement siens. Chez
Valéry, ces « motifs » sont assez accusés pour suggérer un
classement des poèmes d'après leur prédominance : motifs
du *Moi* (*Narcisse, Platane*), des cycles de l'Ame (*Parque, Cimetière*), de la Connaissance (*Serpent*), de l'Inspiration (*Pythie,
Aurore, Palme, Sylphe*), de l'Art (*Cantique des Colonnes*),
de la Contemplation voluptueuse (*Abeille, Dormeuse, Gre-
nades*). Mais ce n'est là qu'une indication, une manière de
rappeler qu'ils appartiennent tous au monde de la vie int é

rieure. En fait ces thèmes s'entremêlent dans une poésie où
la pensée abstraite se transmue en image et en mélodie :

> Comme le fruit se fond en jouissance,
> Comme en délice il change son absence
> Dans une bouche où sa forme se meurt.

C'est que pour Valéry, comme pour Baudelaire et Mallarmé,
la poésie doit reprendre sa force magique, les poèmes rede-
venir des « charmes ». Rien n'y aide mieux que le retour à la
« machine de langage » des classiques : son arbitraire et ses
contraintes, loyalement acceptés, rendent à l'artiste une liberté
plus féconde que l'indépendance anarchique. Poussant plus
loin, Valéry développa cette « conception de poésie pure »
qu'il donne lui-même pour « celle d'un type inaccessible,
d'une limite idéale des désirs, des efforts et des puissances
du poète ». Que l'on prenne ici l'adjectif *pur* au sens étymolo-
gique, c'est-à-dire : sans nul mélange avec ces éléments didactiques et ces caprices de la sensibilité qui soumettent l'expression littéraire aux vicissitudes du goût et de la mode. Alors il
apparaîtra clairement qu'en fixant ainsi la limite idéale vers
laquelle il tendait pour créer d'incorruptibles incantations,
Valéry définissait la forme originale de lyrisme qu'à travers
Scève et Racine, Nerval et Baudelaire, l'intelligence sensuelle des Français a introduite dans le concert de la poésie
universelle.

Les poèmes et les théories de Valéry eurent un profond
retentissement et lui valurent de nombreux disciples. Sans
s'inscrire officiellement parmi eux, Jean Cocteau (né en 1892),
toujours si sensible aux influences ambiantes, abandonna
l'impressionnisme du *Cap de Bonne Espérance* et fit son retour
à Malherbe avec *Plain-Chant* où il déclarait :

> Si ma façon de chant n'est pas ici la même,
> Hélas ! je n'y peux rien.
> Je suis toujours en mal d'attendre le poème
> Et prends ce qui me vient.

Un peu plus tard, deux essayistes catholiques tentèrent sur
la poésie une flatteuse entreprise d'annexion : l'abbé Bremond,
jouant en moraliste sur le terme de « poésie pure », s'efforçait
subtilement de l'identifier avec l'oraison mystique ; en nom-

mant la poésie une « divination du spirituel dans le sensible »,
Jacques Maritain l'accusait de courir au « suicide angéliste »
lorsqu'elle affirmait son autonomie. Non moins confuses furent
les polémiques provoquées par Charles Maurras (1868-1952)
quand il convia les lecteurs de sa *Musique intérieure* (1925)
à l' « audience du pur esprit ». Très différente pourtant de la
poésie pure est cette « poésie parfaite » où la « charnelle amertume » compte moins que la dignité morale. Maurras l'avoue
loyalement en écrivant dans un noble chant d'amour :

> *Mon malheur est venu d'avoir aimé votre âme*
> *Mieux que tous vos parfums, plus que votre beauté.*

Bien que ce Méditerranéen ait un culte pour la Beauté « qui
brille enfoncée au plus tendre du cœur », il croit aux vertus
dogmatiques de la poésie et au vers gnomique qui « tient
dans ses griffes d'or l'appareil éboulé de la connaissance ».
Sans doute les chefs-d'œuvre de cet art intellectuel sont-ils
le *Colloque des Morts* et le *Mystère d'Ulysse*, du héros avec
lequel Maurras s'identifie ; mais nous ne le trahissons pas en
gardant une préférence pour les brèves pièces comme *la
Découverte* où le poète d'*Optumo sive Pessumo* a résumé des
années de luttes :

> *Mais je ne mène à ce tombeau*
> *Regret, désir, ni même envie*
> *Et j'y renverse le flambeau*
> *D'une espérance inassouvie.*

A ces interprètes de l'extrême conscient répondent les
défenseurs des droits de l'inconscient. Dès 1916, à Zurich,
autour de Tristan Tzara, s'était fondé le groupe Dada dont
Jacques Rivière, en 1920, analysait ainsi les intentions :
« atteindre l'être dans son incohérence, ou mieux sa cohérence primitive... substituer à son unité logique, forcément
acquise, son unité absurde, seule originelle ». Mais, tandis
que le dadaïsme était resté une insurrection, le surréalisme
devint un mouvement organisé, sous l'impulsion d'André
Breton (né en 1896). Après avoir publié en collaboration avec
Philippe Soupault (né en 1897) le premier ouvrage entièrement surréaliste, les *Champs magnétiques* (1921), Breton se fit
le théoricien du surréalisme, non seulement dans les deux

Manifestes, mais dans les lucides essais des *Vases communi-cants* et du *Point du Jour* ainsi que dans le roman poétique de *Nadja*. Épris de Lautréamont et des romantiques allemands comme Achim d'Arnim, continuateur de Nerval le « super-naturaliste », Breton définissait l'être humain : « ce rêveur définitif ». Il considérait donc que le principal objet du surréa-lisme était de « déplacer les bornes du soi-disant réel ». Il tenait que l'esprit, « chargé d'une quantité idéale d'événe-ments », ne peut révéler toute sa richesse qu'en des œuvres où se manifeste « le fonctionnement réel de la pensée », où se traduit immédiatement, sans que s'interpose aucune censure, la « surréalité » fondamentale.

Quels ont été pour les surréalistes les moyens de cet affran-chissement ? D'abord, comme l'annonçait Aragon, « l'emploi déréglé et passionnel du stupéfiant *image* » ; ensuite, la sou-mission à ces rêves dont la psychanalyse freudienne avait rappelé l'importance comme témoignages d'un monde où nous surprenons « l'automatisme psychique » dans toute sa pureté. D'où leur recours à l'écriture automatique, cette dictée de l'inconscient, dont Paul Eluard observe pourtant qu'elle ne rend point les poèmes inutiles mais « augmente, développe seulement le champ de l'examen de conscience poétique ». Empruntons donc à Eluard (1895-1952), le plus musicien des surréalistes, un exemple de ces prises de possession de l'univers :

> *Ou bien rire ensemble dans les rues*
> *Chaque pas plus léger plus rapide*
> *Nous sommes deux à ne plus compter sur la sagesse*
> *Avoue le ciel n'est pas sérieux*
> *Ce matin n'est qu'un jeu sur ta bouche de joie*
> *Le soleil se prend dans sa toile.*

Ainsi, bien loin d'être une émeute sans conséquence, le surréalisme aura complété une libération entreprise depuis Baudelaire et qu'Eluard évoque avec gratitude : « l'intelligence poétique voyait enfin ses frontières détruites et redonnait son unité au monde ». Par contre-coup les surréalistes ont enhardi certains aînés à déployer leurs sortilèges. A preuve Léon-Paul Fargue (1878-1947), qui, dans *Espaces* et *Sous la lampe*, laisse parler plus audacieusement qu'à l'époque de

Tancrède l'humoriste et le visionnaire qui cohabitent en lui. Infatigable et vigilant « piéton de Paris », prompt à capter les instants où « l'infini jette du lest », Fargue est aussi l'intimiste de l'émouvante et sobre *Postface :*

> *Tout sera consommé, tout sera pardonné.*
> *La peine sera fraîche et la forêt nouvelle.*
> *Et peut-être qu'un jour, pour de nouveaux amis,*
> *Dieu tiendra ce bonheur qu'il nous avait promis.*

De même Jules Supervielle (1884-1960) a-t-il dans ses plus récents recueils complètement dégagé son originalité en atteignant au « surréalisme humain et confiant » que leurs titres nous promettent : car ils sont toujours dédiés *Aux Amis inconnus*, qu'il chante les *Gravitations* ou *la Fable du Monde*. Lorsqu'il dessine cette image :

> *Un poète prenait les mots de tous les jours*
> *Pour chasser sa tristesse avec une nouvelle*
> *Tristesse infiniment plus triste et moins cruelle...*

c'est lui-même qu'il dépeint, fraternellement accueillant aux êtres et aux mystères d'un monde sans cloisons. Pierre-Jean Jouve (né en 1887) est, au contraire, torturé par toutes les angoisses qu'il soumet à « l'illumination du désespoir » ; les mythes des psychanalystes obsèdent ce fervent de sainte Thérèse et du Poverello ; l'unité qu'il discerne dans l'univers :

> *Celui qui forme tout est celui qui détruit*
> *La chair de tout est celui qui préforme*
> *La céleste illusion de la fleur de tout*

lui est un tourment autant qu'une certitude. Non moins ardent, mais discipliné par l'enseignement de Valéry s'élevait le chant de Catherine Pozzi ; ce fut un grand deuil pour la poésie contemporaine que la mort de cette sœur de Louise Labbé qui restituait à la passion un accent religieux :

> *J'ai retrouvé le céleste et sauvage*
> *Le paradis où l'angoisse est désir.*

Honorée pendant la « drôle de guerre » alors que Pierre Seghers fondait la revue des *Poètes casqués*, la poésie continue à briller d'un vif éclat en une époque où tant de valeurs sont

remises en question. Est-il loisible de discerner, parmi tant
d'efforts individuels, une orientation générale ? En 1942,
Alfred Colling croyait pouvoir hasarder une prédiction :
« entre l'épanchement et la concentration » l'épanchement
l'emportera sans doute sur la concentration » (1). A ce propos,
il invoquait le fougueux Audiberti de *Race des Hommes* et
Patrice de La Tour-du-Pin qui a depuis élargi son dessein
jusqu'aux vastes proportions d'*Une Somme de Poésie*. Sous
l'égide de Saint-John Perse (né en 1889), le chantre d'*Éloges*
et d'*Anabase* qui, tout récemment, déployait encore sa
somptueuse maîtrise dans *Amers*, on leur joindrait volontiers Pierre Emmanuel, successeur de Hugo dans *le Tombeau d'Orphée* et l'épopée de *Babel*. Il est aussi évident
que Louis Aragon, dans *le Crève-Cœur* et Paul Eluard
dans *Poésie et Vérité* ont donné d'heureux exemples d'un
lyrisme « engagé », accessible à de nombreux lecteurs.
Pourtant, avec les rêveries d'*Arcane 17*, André Breton leur a
opposé une œuvre entièrement dégagée. Si Jacques Prévert
a su atteindre le grand public avec les cascades rythmiques
de *Paroles*, les poèmes quintessenciés de René Char demeurent réservés aux délices des connaisseurs. Et il faut posséder
une certaine culture pour bien apprécier le travail artistique
de Maurice Fombeure dans ses *Arentelles*, comme les mélodies
incantatoires de Paul Gilson ou les souples variations de Jean
Tardieu sur les équivoques du langage.

Plutôt que de proposer une conclusion arbitraire, il sied
donc de rappeler que la France est essentiellement un pays
de dialogue où Baudelaire répond à Victor Hugo, où le
triomphe des orateurs appelle la réaction des alchimistes.
Et puis, comme tous les arts du langage, la poésie s'adresse à
un public très étendu mais fort peu homogène ; tandis que les
auditeurs d'un quatuor ou les visiteurs d'un musée auraient
honte d'ignorer certaines notions élémentaires, maints lecteurs
s'imaginent que la poésie ne requiert nulle initiation ; ils lui
demandent d'être un répertoire mnémotechnique ou de satisfaire une sensibilité complaisante alors qu'elle leur apporterait

---

(1) La même vision du problème s'imposait de l'autre côté de
la ligne de démarcation puisque Henri Hell étudiait le dilemme :
concentration ou épanchement ? dans un article de *Fontaine*
(juin 1942) sur la nouvelle poésie française.

une révélation du sublime, une victoire sur l'ineffable. Les poètes eux-mêmes, nous l'avons vu souvent au cours de ce panorama, ne sont pas moins divisés parce qu'il leur faut résoudre, en utilisant les mots qui servent à nos besoins quotidiens, le complexe problème que pose la fusion d'une âme et d'un corps, d'une inspiration et d'une technique. Qu'est-ce donc qu'un poème ? Une effusion personnelle, inséparable de son créateur ? Une peinture assez objective pour qu'une époque entière en atteste la vérité ? Un objet en soi qui dépasse l'auteur et les circonstances, conquête intemporelle et inépuisable ? A cette question nous avons, dans notre enquête au long des siècles, recueilli des réponses contradictoires. Que leur diversité serve de stimulant aux jeunes poètes comme le spectacle de tant de renouvellements nous permet cette confiante attente de « l'heureuse surprise » qu'exprimait le lyrique de *Palme :*

> *Patience, patience,*
> *Patience dans l'azur !*
> *Chaque atome de silence*
> *Est la chance d'un fruit mûr !*

Chapitre IX

NOUVELLES PERSPECTIVES
par Jean ROUSSELOT

En 1963, on chercherait encore en vain, dans la poésie française du XXᵉ siècle, cette « orientation générale » dont René Lalou constatait l'absence.

La « poésie nationale », prônée par Aragon dans les années 1950 (choix de sujets civiques, retour aux formes fixes), a fait long feu sans avoir suscité d'œuvres valables autres que celles du seul Aragon, lequel revint très vite à son libre chant, souvent assimilable, depuis lors, à un concert anthologique de la poésie française de tous les temps (*Les Poètes*).

L'école « lettriste » d'Isidore Isou qui, dans les mêmes années 1950, renchérissant sur les révoltes les plus extrêmes du Dadaïsme, nous proposait un langage fait d'onomatopées et de borborygmes (déjà préconisé en 1830 par un obscur romantique, Gustave Drouineau), n'a pas fait long feu, elle non plus.

On a vu en revanche croître sur les nouveaux poètes l'influence d'aînés aussi considérables et divers qu'Oscar-Venceslas de L. Milosz (1877-1939), Saint-John Perse, Pierre Reverdy (1889-1960), Pierre Jean Jouve, Henri Michaux (né en 1899), Antonin Artaud (1896-1948) et René Char.

Chez Milosz (*Poèmes, Ars Magna*), certains de ces jeunes poètes ont pris des leçons de musicalité et renoué avec la nostalgie baudelairienne de l'âge d'or. De Saint-John Perse, d'autres ont aimé la voix cérémonieuse et le parti pris d'intemporalité sublime (« *C'est assez, pour le poète, d'être la mauvaise conscience de son temps* »). D'autres encore ont préféré les accents rocailleux, les attitudes de Sisyphe et les images insolites, mais d'une évidence quasiment plastique, de Reverdy (*Main-d'Œuvre, Plupart du Temps*) ; ou la démarche mystico-érotique, à la fois hautaine et déchirée, de Jouve ; ou les descriptions minutieuses que Michaux fait du monde étrange et cruel de ses rêves (*Mes Propriétés, L'Infini turbulent*) ; ou les imprécations sataniques d'Artaud (*Pour en finir avec le jugement de Dieu*) ; ou bien, enfin, les formulations serrées, sentencieuses, de René Char (*A une sérénité crispée, la parole en archipel*) :

> *Fruit qui jaillissez du couteau*
> *Beauté dont saveur est l'écho*
> *Aurore à gueule de tenailles*
> *Amants qu'on veut désassembler*
> *Femmes qui portez tablier*
> *Ongle qui grattez la muraille*
> *Désertez ! Désertez !*

Il est même arrivé que, de tout ou partie de ces influences contradictoires, tels poètes nouveaux aient réussi à faire la synthèse. C'est le cas d'Yves Bonnefoy (né en 1923) dont l'œuvre *(Hier régnant désert)* fait à la fois songer à Jouve, à Milosz et, à travers ceux-ci, à Baudelaire et à Mallarmé.

Mais d'autres influences ont joué ou jouent encore. Le surréalisme, dont un Raymond Queneau (né en 1903) a, tout aussi bien qu'un Prévert, poursuivi l'une des entreprises — en l'espèce la dérision du langage — dans *les Ziaux*, voit non moins légitimement se réclamer de lui un Pieyre de Mandiargues (né en 1909), un Lucien Becker (né en 1911), un Julien Gracq (né en 1910), un Marcel Béalu (né en 1908) ou une Joyce Mansour qui, chacun à sa façon, entretiennent son étrange climat dans nos lettres. D'autre part, une conjonction entre surréalisme et valérysme — que Valéry lui-même n'avait pas jugée impossible en 1917 — a nourri des œuvres aussi diverses que celles de Joë Bousquet (1897-1950), d'Yanette Delétang-Tardif *(Chants royaux)*, de Louis Emié *(le Nom du Feu)* ou de Robert Sabatier (né en 1923) dont les *Fêtes solaires* doivent également beaucoup à Rilke. Il serait injuste d'oublier, parmi les francs-tireurs du surréalisme, Yvan Goll (1891-1950), Michel Leiris *(Fourbi)* et Pierre Albert-Birot *(Grabinoulor)* ; et pareillement d'oublier Robert Desnos (1900-1945) qui avait réussi à concilier, dans une prosodie exigeante, surréalisme, populisme et romantisme *(Domaine public)* :

> *Quelqu'un m'a raconté que perdu dans les glaces,*
> *Dans un chaos de monts, loin de tout océan,*
> *Il vit passer sans heurt et sans fumée la masse*
> *Immense et pavoisée d'un paquebot géant.*

Autre influence celle de l'école (buissonnière) de Rochefort — René-Guy Cadou (1920-1951), Jean Rousselot (né en 1913), Michel Manoll (né en 1911), Jean Bouhier (né en 1912), Luc Bérimont (né en 1915) — apparue pendant la guerre dans le sillage du surréalisme, qu'elle se proposait de re-humaniser ; cette influence s'exerce à retardement, alors que chacun des poètes que nous venons de nommer s'était, dès 1945, engagé dans quelque voie nouvelle.

Si l'on passe à d'autres œuvres, on ne verra qu'approximativement se dessiner parmi elles quelques courants majeurs. Certes, un Norge (né en 1898), une Lucienne Desnoues *(la Fraîche)* et un Jean L'Anselme (né en 1919) sont à rapprocher d'un Fombeure par leur commun souci de parler au naturel des choses les plus simples, mais le premier *(les Quatre Vérités)* et le dernier *(Du vers dépoli au vers cathédrale)* font un si constant usage de l'humour noir, qu'on pourrait aussi bien les rapprocher de Prévert ou de Queneau. De même ne rangera-t-on que par commodité sous la même étiquette « cosmique », des poètes comme André Frénaud (né en 1907) dont la poésie est à la fois philosophique et terrienne ; Francis Ponge (né en 1899), dont le *Parti pris des choses* a grandement influencé ceux des adeptes du « nouveau roman » qui nous proposent un monde d'objets ; Guillevic (né en 1907), poète elliptique, granitique, extrêmement concret *(Carnac)* ; Jean Follain (né en 1903), imagier subtil du temps retrouvé *(Exister)* ; Edmond Humeau (né en 1907), qui triture son langage pour lui donner la texture même des choses *(l'âge des Processions)* ; Alain Bosquet (né en 1919), qui appelle l'apocalypse et Paul Chaulot (né en 1914), qui interroge la préhistoire :

> *Ne nous détachez pas de nos gestes fossiles*

Si Pierre Emmanuel est aujourd'hui notre plus grand poète chrétien (mais n'oublions pas Patrice de La Tour du Pin dans les « sommes » un peu molles de forme où il se perd, ni Marie Noël (née en 1883) dont les *Chants de la Merci* sont d'une encre un peu pâle), Jean Grosjean (né en 1912), auteur du *Livre du Juste* et d'*Hypostases*, est certainement notre plus grand poète « biblique », qui doit autant à Victor Segalen (1878-1919) qu'à Paul Claudel, mais plus encore au *Cantique des Cantiques* :

> *Ta compagnie est une ébriété*
> *Tant tes regards sont de fortes liqueurs*

De la même famille, disons : religieuse, sont Loys Masson, Jean-Claude Renard, Pierre Oster, Charles Le Quintrec et André Marissel.

Autre « famille », celle des poètes qui ont pris à la lettre ce postulat de Paul Eluard : « *la poésie a pour but la vérité pratique* », autrement dit, qui s'inspirent directement de la vie quotidienne et traitent « à chaud » l'événement. Citons Pierre Morhange *(la Vie est Unique)*, Henri Pichette (né en 1925) qui a repris la voix de Maïakowski dans *Les Revendications*, Henri Kréa, Gabriel Cousin, Hubert Juin, le groupe marseillais *Action poétique*, les poètes algériens Jean Sénac, Mohammed Dib, etc.

Sur ces derniers noms, il nous faudrait ouvrir un nouveau chapitre, celui de la poésie étrangère d'expression française. On y trouverait aussi bien des Canadiens (Saint-Denys Garneau) que des Suisses (Gilbert Trolliet), des Belges (Marcel Thiry, Albert Ayguesparse) que des poètes d'Afrique Noire (Aimé Césaire, Léopold S. Senghor), sans oublier le Mauricien Malcolm de Chazal, qui est une sorte de prophète surréalisant *(Sens plastique)*. Malheureusement, si la poésie française n'a pas de frontières, l'auteur de cette note est enfermé dans les siennes et doit conclure. Il le fera en disant que, contrairement à ce que d'aucuns prétendent, la poésie française d'aujourd'hui se porte bien. Depuis la guerre, pendant laquelle — et ce fut l'honneur des poètes — elle renonça peu ou prou à être une aventure du langage, c'est-à-dire de l'esprit, pour devenir le plus haut rendez-vous des hommes qui se voulaient libres, elle a repris sa vocation conquérante et ingénue, qu'aucune contradiction ne saurait étrangler. Si elle a aujourd'hui d'innombrables visages, c'est bien la preuve qu'elle est richesse et liberté.

A consulter : René LALOU, *Histoire de la littérature française contemporaine* (1953) ; Robert DE LA VAISSIÈRE, *Anthologie poétique du XXᵉ siècle* (1924) ; Jean PAULHAN, *Poètes d'aujourd'hui* (Clairefontaine, 1947) ; *Anthologie des poètes de la N. R. F.* (Gallimard, 1958) ; Georges E. CLANCIER, *Panorama de la poésie française de Rimbaud au Surréalisme* (Seghers, 1960) ; Gaëtan PICON, *Panorama de la nouvelle littérature française* (Gallimard, 1960) ; Jean ROUSSELOT, *Panorama des nouveaux poètes français* (Seghers, 1960).

A consulter pour l'ensemble de l'ouvrage : Gustave LANSON, *Histoire de la littérature française* ; Jean VAN DOOREN, *Anthologie des Poètes français* ; Paul ELUARD, *Première anthologie vivante de la poésie du passé* ; Claude ROY, *Trésor de la Poésie populaire* ; Marcel ARLAND, *Anthologie de la Poésie française*.

INDEX ALPHABÉTIQUE